10년전 중학교 때로 돌아가서, 첨부터 다시 배우는 영어!

Again 초짜 영어코치 시작하기

개정판 1쇄_ 2006년 12월 20일
개정판 4쇄_ 2009년 3월 10일

지은이_ 이강보
감수_ 공부기술연구소
펴낸이_ 엄태상
펴낸곳_ Korea LanguagePLUS
표지디자인_ 윤미주
편집·교정_ 권이준·인태리
등록일자_ 2000년 8월 17일
등록번호_ 제 1-2718호
주소_ 서울시 종로구 종로2가 71-6
TEL_ 편집부 02-742-0582
       도서주문 문의 02-3671-0582
FAX_ 02-3671-0500
e-mail_ tltk@chol.com
Homepage_ langpl.com

- 이 책의 내용을 사전 허가 없이 전재하거나 복제할 경우 법적인 제재를 받게 됨을 알려 드립니다.
- 잘못된 책은 구입하신 서점이나 본사에서 바꿔 드립니다.

ISBN_ 978-89-5518-451-8 14740
       978-89-5518-454-9 (set)

10년전 중학교 때로 돌아가서, 첨부터 다시 배우는 영어!

이강보 지음, 공부기술연구소 감수

들어가기 전에...

영어교육은 기초가 가장 중요합니다. 기초 과정에서 흥미를 잃으면 영어와는 담을 쌓기가 쉽기 때문입니다. 또한, 기초 과정에서 익힌 잘못된 학습법은 중급이나 그 이상의 과정에서 고치기가 매우 어렵습니다. 이 책은 중학교 교과서를 기초로 하여, 부족하기 쉬운 문법적 설명이나 예문을 보완하여 체계적으로 정리해 혼자서도 쉽게 기초 영어를 공부할 수 있도록 하였습니다.

문법의 경우에는 기본예문을 제시하고 좀 더 자세한 설명과 도해를 넣어 이해하기 쉽게 꾸몄으며 각 과 마지막에는 기본문제와 응용문제, 주관식 문제도 풍부하게 실었습니다. 이 책 한 권이면 영어의 기초를 다시 다지는 데 손색이 없을 것입니다.

이 책에는 다음과 같은 특징이 있습니다.

01 단계별로 〈시작하기〉〈다지기〉〈완성하기〉의 3권으로 구성되어 있으며 영역별로 앞의 내용을 복습할 수 있도록 나선형 구조로 되어 있습니다.

02 문법의 연계성을 고려한 체계적 구성으로 반복 학습이 가능하도록 하였습니다. 즉, 2권 〈다지기〉에서는 1권 〈시작하기〉에서 배운 내용을 복습하되, 좀 더 깊이 학습할 수 있도록 하였으며, 3권 〈완성하기〉에서는 2권 〈다지기〉에서 배운 것보다 좀 더 어려운 내용으로 구성하여 심도 있는 학습이 가능하도록 배려하였습니다.

03 기본 예문은 중학교 교과서에 나오는 문형을 기준으로 삼았으며, 이해하기 쉽도록 자세한 해설을 달고 쉽게 기억할 수 있도록 도해도 풍부하게 넣었습니다.

04 Memory Box는 1권 〈시작하기〉에서는 영어의 기초적인 발음과 억양에 초점을 맞추었으며 2권 〈다지기〉 및 3권 〈완성하기〉에서는 어려운 문법이나 예외적인 규칙, 꼭 알아야 할 사항 등을 일목요연하게 정리한 것이므로 반드시 기억해 두어야 합니다.

05 연습문제는 기본적인 문법을 이해하는 데 필요한 문제뿐 아니라 이를 응용하는 주관식 문제를 풍부하게 수록하여 문법 지식을 활용하는 데 부족함이 없도록 배려하였습니다.

06 문법과 독해에 치우치지 않고, 처음부터 올바른 발음을 듣고 따라할 수 있도록 기본 예문과 New Words가 녹음된 MP3파일을 인터넷 홈페이지를 통해 무료로 제공하고 있어서 듣기와 말하기 훈련에도 도움이 됩니다.

이 책을 충분히 활용한다면 영어에 대한 기초를 튼튼히 쌓는 것은 물론 흥미와 자신감을 얻게 될 것입니다. 이 책이 독자 여러분들에게 많은 도움이 되기를 바랍니다.

이 책의 구성 및 학습방법

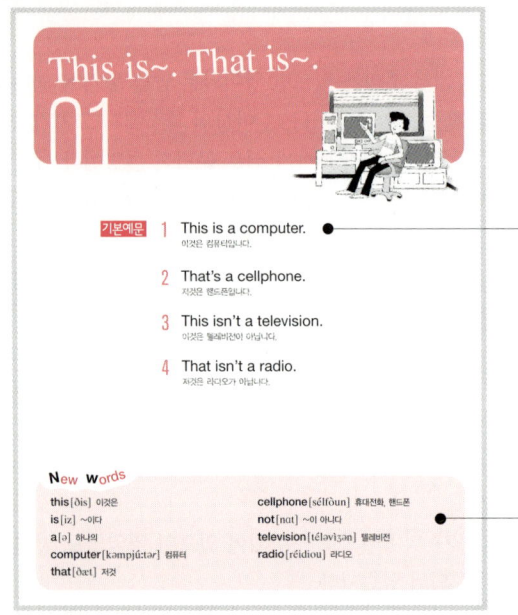

기본 예문
각 과에서 배울 내용을 핵심문장으로 정리하고 있습니다.
기본예문을 인터넷 홈페이지를 통해 무료로 제공하는 MP3파일로 들으면서 자연스럽게 외울 수 있도록 하였습니다.

MP3파일 무료 다운로드 : http://www.langpl.com

New Words
해당 과에서 새로 나온 단어들의 발음과 뜻을 정리해 놓았습니다.
인터넷 홈페이지를 통해 무료로 제공하는 MP3파일을 통해 단어들의 실제 발음을 듣고 익힐 수 있도록 하였습니다.

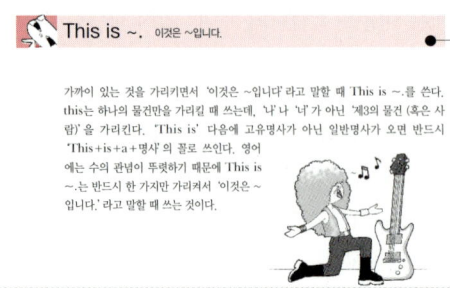

학습 내용
해당 과에서 꼭 알고 넘어가야하는 어구나 구문을 제시하고 있습니다.
영어의 뼈대가 되는 내용들을 눈에 띄게 정리하였습니다.

주의
흔히 실수하거나 착각하기 쉬운 사항들을 따로 설명하고 있습니다.
꼼꼼하게 읽기만 하면 좀 더 정확한 내용을 익힐 수 있도록 하였습니다.

참고

문법사항에 존재하는 미묘한 차이점들을 끄집어내어 정리하였습니다.
공부를 하다가 떠오르는 의문점들을 쉽게 해결할 수 있도록 하였습니다.

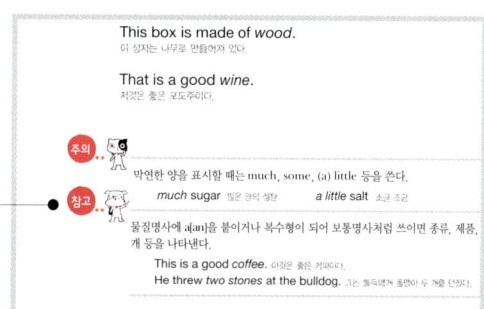

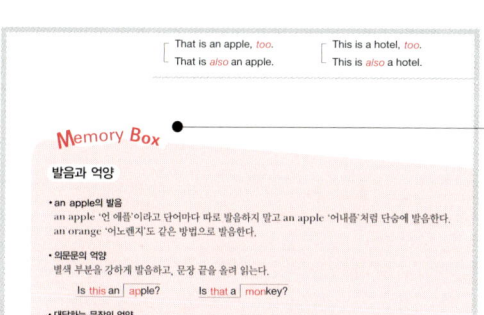

Memory Box

1권 〈시작하기〉에서는 발음과 억양을, 2권 〈다지기〉 및 3권 〈완성하기〉에서는 다소 어려운 내용들을 따로 정리하고 있습니다.
여기에 등장하는 표현만큼은 확실히 기억해야 합니다.

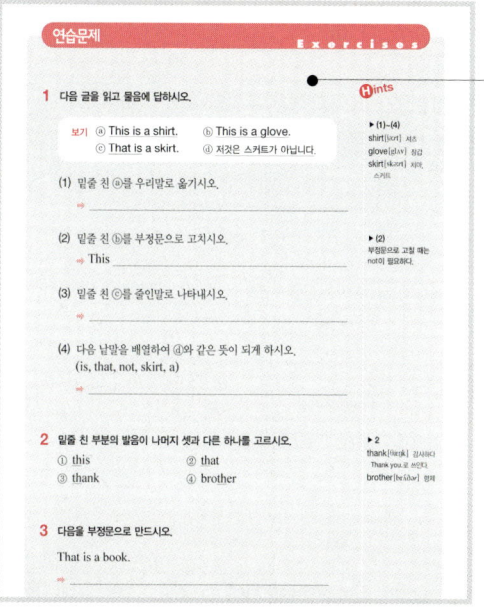

연습문제

여러 유형의 문제를 풀어보면서 해당 과에서 배운 내용들을 익히도록 구성하였습니다.
다양한 문제를 풀다보면 자신감도 얻을 수 있을 것입니다.

이 책의 순서

들어가기 전에 |05|
이 책의 구성 및 학습방법 |06|

01 This is ~. That is ~. 14
This is ~. 이것은 ~입니다. / That is ~. 저것은 ~입니다. / be동사 / a와 an에 대해서 / This [That] is not ~. 이것[저것]은 ~이 아닙니다. / 문장의 종류

02 Is this ~? Yes, ~. No, ~. 22
Is this[that] ~? 이것은[저것은] ~입니까? / 의문문의 대답 / an의 용법 / too의 용법

03 Is this ~ or ...? It's ~. 29
Is this A or B? 이것은 A입니까, B입니까? / or가 있는 의문문의 억양 / or가 있는 의문문의 대답 / it의 용법

04 What is this? 36
의문사 what에 대해서 / What is this[that]? 이것[저것]은 무엇입니까? / 의문사가 있는 의문문의 대답 / What is의 줄임말 / '큰 개' '늙은 고양이'의 표현

05 I'm ~. You are ~. 44
I'm ~. 나는 ~이다. / You are ~. 너는[당신은] ~이다. / 이름 쓰는 법 / 부정문 만들기

06 Are you ~? Am I ~? 51
Are you ~? Am I ~? / Are you ~?의 대답 / Am I ~?의 대답

07 He[She] is ~. 58
He[She] is ~. 그는[그녀는] ~입니다. / 3인칭 단수 / He[She] isn't ~. 그는[그녀는] ~이 아닙니다.

08 Is he[she] ~? 64
Is he[she] ~? 그는[그녀는] ~입니까? / 대답하는 방법 / or가 있는 질문과 대답

09 Who is ~? What is ~? 70
Who is ~?와 그 대답 / What is ~?와 그 대답 / 이[this], 저[that]

10 This is my bag. 76
my[나의]와 your[당신의] / 간단한 대답과 자세한 대답

11 What's his name? 81
his[그의]와 her[그녀의] / its[그것의] / 물음과 대답과의 관계

12 This is Tom's room. 87
'탐의' '내 형의' 의 표현 / 명사의 소유격과 대명사의 소유격과의 관계

13 Good morning. How are you? 92
Good morning. 잘 잤니?, 안녕하세요? / How are you? 안녕하십니까? / How do you do? 처음 뵙겠습니다. / 사람을 소개하는 방법

14 These are ~. Those are ~. 100
These[those] are ~. 이것[저것]들은 ~입니다. / 명사의 복수형

15 Are these[those] ~? They are ~. 108
Are these[those] ~? / What are these[those]? / they의 용법

16 The house is old. 115
the의 용법 / 부정관사와 정관사 / big, old[형용사] 등의 용법

이 책의 순서

17 We are ~. They are ~. 　　　　　　　　　　　　　　123
We[They] are ~. 우리는[그들은] ~입니다. / our, their에 대하여 / and의 용법

18 You and I are brothers. 　　　　　　　　　　　　　　129
2인칭 복수 you / You의 소유격 your '당신들의' 의 용법 / ~ and ~

19 Whose ball is this? 　　　　　　　　　　　　　　137
Whose[누구의] 용법 / 소유격 '~의' 의 정리

20 This bag is mine. 　　　　　　　　　　　　　　143
mine, yours / 문답 속의 mine과 yours

21 Whose is this bat? 　　　　　　　　　　　　　　149
Whose의 두 가지 용법 / 소유대명사 his에 대하여 / his와 hers에 대하여 / 's의 두 가지 용법

22 That dictionary is theirs. 　　　　　　　　　　　　　　156
yours, ours, theirs / 독립소유격 '명사+'s'

23 I have ~. She has ~. 　　　　　　　　　　　　　　162
have의 용법 / in my hand 내 손에 / some의 용법

24 I don't have any sisters. 　　　　　　　　　　　　　　170
don't have ~의 용법 / doesn't have ~의 용법 / any의 용법

25 Do you have any brothers? 　　　　　　　　　　　　　　176
Do you have ~? / have 동사의 의문에 대한 대답

26 Does she have a racket? — 182
Does ~?의 용법 / Does ~?의 대답

27 What do you have? — 188
What do + 주어 + have ~?의 질문과 대답 / What does + 주어 + have ~?의 의문문

28 I play baseball. Do you like music? — 194
play, like 따위의 동사 / 일반동사가 들어간 부정문과 의문문 / 일반동사 play, like 따위 의문문의 대답

29 He plays basketball. — 200
plays, likes의 -s / plays, likes의 부정문 / plays, likes의 의문문 / does~?의 대답

30 What do you do? — 209
What do you do? / Where do you ~? / Who plays ~?

31 I know him. — 216
him[그를]의 용법 / her[그녀를]의 용법 / them[그들을]의 용법

32 Tom knows me. — 222
me의 용법 / you의 용법 / us의 용법

33 Mary sometimes plays tennis with me. — 228
sometimes의 용법 / with me[him, her, them]의 용법

34 Where is the bag? — 233
Where는 장소를 묻는 의문사 / Where is ~?, Where are ~?의 용법 / Where 의문문의 대답 / on의 용법 / in의 용법 / 장소를 나타내는 말

이 책의 순서

35 There is a picture. 241
Here is[are] ~. 여기에 ~이 있습니다. / There is[are] ~. ~이 있습니다. / some의 용법

36 Is there a chair? 247
Is there ~?의 표현과 그 응답 / '~이 없습니다'의 표현

37 How many balls are there in the box? 253
How many ~?의 질문과 대답 / '무엇이 있습니까?'의 문답

38 Open the window. 259
'~하라'의 표현 / '~해 주십시오'의 표현 / '~하자'의 표현 / Let's에 대한 응답

39 I can skate. 267
'~할 수 있다[할 줄 안다]'의 표현 / '~할 수 없다'의 표현

40 Can you speak German? 273
'~할 수 있습니까?[할 줄 압니까?]'의 표현 / Who can ~? 누가 ~할 수 있습니까?

41 How old are you? 279
나이를 묻고 답하는 표현 / 키를 묻고 답하는 표현

42 What time is it? 285
시간을 묻는 표현 / 시간을 말하는 표현 / '몇 시에 ~합니까?'의 문답 / '춥다, 덥다'의 표현

43 When do yo skate? 292
'언제 ~합니까?'의 문답 / 시간을 나타내는 전치사 / 횟수를 묻는 How many times ~?와 대답 / What month comes after ~?

44 He is washing his face.   300
'지금 ~하고 있는 중이다'의 표현 / 동사 원형에 -ing를 붙이는 법

45 Are you reading?   306
'~하고 있습니까?'의 문답 / 현재진행형의 부정문 / 평서문의 의문문·부정문을 진행형 문장으로 고치기

46 What are you doing?   312
'무엇을 하고 있습니까?'의 문답 / '어디에 가고 있습니까?'의 문답 / '누가 ~하고 있습니까?'의 문답

01 This is~. That is~.

기본예문

1 **This is a computer.**
이것은 컴퓨터입니다.

2 **That's a cellphone.**
저것은 핸드폰입니다.

3 **This isn't a television.**
이것은 텔레비전이 아닙니다.

4 **That isn't a radio.**
저것은 라디오가 아닙니다.

New words

this [ðis] 이것은
is [iz] ~이다
a [ə] 하나의
computer [kəmpjúːtər] 컴퓨터
that [ðæt] 저것

cellphone [sélfòun] 휴대전화, 핸드폰
not [nɑt] ~이 아니다
television [téləvìʒən] 텔레비전
radio [réidiou] 라디오

 **This is ~.** 이것은 ~입니다.

가까이 있는 것을 가리키면서 '이것은 ~입니다' 라고 말할 때 This is ~.를 쓴다. this는 하나의 물건만을 가리킬 때 쓰는데, '나' 나 '너' 가 아닌 '제3의 물건 (혹은 사람)' 을 가리킨다. 'This is' 다음에 고유명사가 아닌 일반명사가 오면 반드시 'This+is+a+명사' 의 꼴로 쓰인다. 영어에는 수의 관념이 뚜렷하기 때문에 This is ~.는 반드시 한 가지만 가리켜서 '이것은 ~입니다.' 라고 말할 때 쓰는 것이다.

This is a guitar.

 **That is ~.** 저것은 ~입니다.

멀리 떨어져 있는 것을 가리키면서 '저것은 ~입니다.' 라고 말할 때 That is ~.를 쓴다. that도 this의 용법과 같으나 다만 거리를 나타낼 때의 차이로 this 또는 that을 사용한다.

- 가까이 있는 것을 가리켜 말할 때는
- 멀리 있는 것을 가리켜 말할 때는
- '이것'이나 '저것'을 다시 가리킬 때는
  (It에 대해서는 3과에서 자세히 다룬다.)

This	(이것)
That	(저것)
It	(그것)

This is a pen.

That is a telephone.
It's a telephone.

주의

That's는 That is의 줄임말이다. That is는 흔히 That's로 줄여 쓰지만 This is는 줄여서 This's라고 쓰지 않는다. 발음하기가 까다롭기 때문이다.

be동사

앞에서 배운 is는 '~입니다.'의 뜻으로 쓰이는 일종의 동사다. 동사 중에서도 보통 '~입니다.'의 뜻으로 쓰이는 동사를 be 동사라고 하는데 be 동사에는 이밖에 am이나 are가 있다. (5과 참조)

This *is* a book.   That *is* a pencil.

I *am* a Korean.   You *are* a student.

> **주의**
>
> 영어는 우리말과 어순이 다르다.
>
>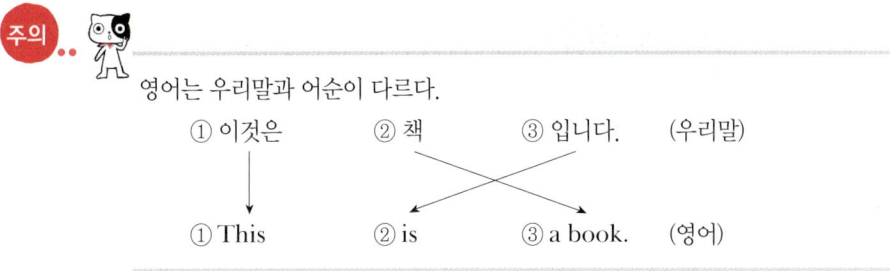

a와 an에 대해서

영어에서는 셀 수 있는 한 가지 물건을 가리킬 때에는 반드시 a나 an을 그 나타내고자 하는 물건 앞에 붙인다. a나 an은 문법적으로 '부정관사'라고 하는데 자음 앞에는 a를, 모음 앞에는 an을 쓴다. 그러나 사람 앞에는 부정관사(a, an)를 쓰지 않는다.

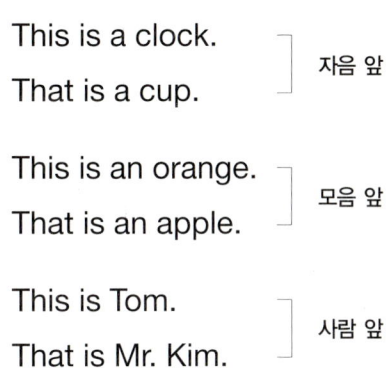

 **This[That] is not ~.** 이것[저것]은 ~이 아닙니다.

무엇이 그렇지 않다고 부정할 때는 not을 쓴다. not은 '~이 아니다'라는 뜻을 가지고 있는데, be 동사가 있는 문장에서는 be 동사 다음에 not을 써서 부정문을 만든다.

긍정	This is		a book.
부정	This is	not	a book.

This is not ~.은 This isn't ~.로 줄여 쓸 수 있다. 그러나 This's not~.이라고 줄이지는 않는다. 줄여 쓰는 것은 간결하게 하기 위한 것인데, This's는 발음하기가 더 까다롭기 때문이다. 그러나 That is not~.은 That's not ~.으로 줄여 쓰기도 하고 That isn't ~.로 줄여 쓰기도 한다.

 **문장의 종류**

서술문

'~은 ~입니다.'의 뜻을 갖는 일반적인 평서문을 말한다.

This is a dictionary.
이것은 사전입니다.

부정문

'~은 ~이 아닙니다.'의 뜻으로 어떤 사물이나 사람을 부정하는 문장.

This is not a book.
이것은 책이 아닙니다.

의문문

'~은 ~입니까?'라고 상대방의 의향이나 사실을 물을 때에 쓰는 문장.

> **Is this a flower?**
> 이것은 꽃입니까?

명령문

'~하시오.'라고 상대방에게 명령, 지시하는 문장.

> **Be quiet!**
> 조용히 하세요!

감탄문

'얼마나 ~한가!' '참으로 ~하다!'의 뜻으로 감탄이나 찬사를 나타내는 표현으로 보통 What이나 How로 시작한다.

> **How kind she is!**
> 그녀는 얼마나 친절한가!

Memory Box

발음과 억양

- this, that의 th발음
  혀끝을 살짝 물고 '드'음을 낸다.
- 영문의 바른 억양
  별색 부분을 강하게 발음하고, 끝을 내려 읽는다.

  This is a book.   That's a bed.
  This isn't a book.   That isn't a pencil.

연습문제 Exercises

1 다음 글을 읽고 물음에 답하시오.

> 보기 ⓐ This is a shirt. ⓑ This is a glove.
> ⓒ That is a skirt. ⓓ 저것은 스커트가 아닙니다.

(1) 밑줄 친 ⓐ를 우리말로 옮기시오.

➡ _____

(2) 밑줄 친 ⓑ를 부정문으로 고치시오.

➡ This _____

(3) 밑줄 친 ⓒ를 줄인말로 나타내시오.

➡ _____

(4) 다음 낱말을 배열하여 ⓓ와 같은 뜻이 되게 하시오.
(is, that, not, skirt, a)

➡ _____

Hints

▶ (1)~(4)
shirt[ʃəːrt] 셔츠
glove[glʌv] 장갑
skirt[skəːrt] 치마, 스커트

▶ (2)
부정문으로 고칠 때는 not이 필요하다.

2 밑줄 친 부분의 발음이 나머지 셋과 다른 하나를 고르시오.
① <u>th</u>is   ② <u>th</u>at
③ <u>th</u>ank   ④ bro<u>th</u>er

▶ 2
thank[θæŋk] 감사하다
Thank you.로 쓰인다.
brother[brʌ́ðər] 형제

3 다음을 부정문으로 만드시오.

That is a book.

➡ _____

Exercises

4 우리말과 뜻이 같게 빈칸에 알맞은 말을 쓰시오.

(1) _____ is a cap. (저것은 모자이다.)

(2) This _____ a chair. (이것은 의자가 아니다.)

(3) _____ is Mary. (이 사람은 메리다.)

Hints

▶ (1)~(3)
이것, 이분 : this
저것 : that

5 다음 영어는 우리말로 옮기고 우리말은 영어로 옮기시오.

(1) 이것은 창문이다.

→ _____

(2) This is not a pencil.

→ _____

(3) 저것은 나무이다.

→ _____

▶ (1)
창문 : window

▶ (3)
나무 : tree

정답

1 (1) 이것은 새장입니다. (2) (This) is not a glove. (3) That's (4) That is not a skirt.
2 ③
3 That isn't a book.
4 (1) That (2) isn't (3) This
5 (1) This is a window. (2) 이것은 연필이 아닙니다. (3) That is a tree.

1. This is~. That is~. **021**

Is this~? Yes, ~. No, ~.
02

기본예문

1 Is this an apple?
이것은 사과입니까?

- Yes, it is.
예, 그렇습니다.

2 Is that an apple, too?
저것도 사과입니까?

- No, it isn't.
아니오, 그렇지 않습니다.

- It's an orange.
그것은 오렌지입니다.

New words

an [ən] 하나의
apple [ǽpl] 사과
yes [jes] 예
it [it] 그것은
too [tu:] 또한, 역시

no [nou] 아니오
orange [ɔ́:rindʒ] 오렌지
book [buk] 책
school [sku:l] 학교
student [stjú:dənt] 학생

Is this[that] ~? 이것은[저것은] ~입니까?

'~입니까?'라고 묻는 문장(의문문)에서는 is가 this[that] 앞으로 나온다. 의문문을 만들려면 서술문의 '주어+동사'를 '동사+주어' 순으로 바꾸고, 문장 끝의 마침표(.) 대신 물음표(?)로 바꾸며, 동사의 첫 글자를 대문자로, 주어의 첫 글자인 대문자를 소문자로 바꾸면 된다.
우리말에서는 '입니다'가 '입니까'로 바뀔 뿐이지만 영어에서는 단어의 순서가 바뀌는 것에 유의해야 한다.

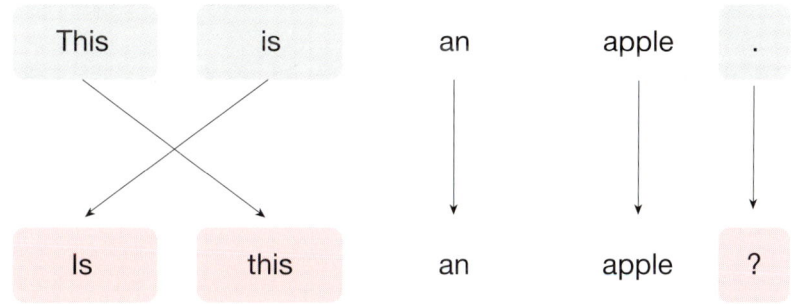

의문문의 대답

Yes와 No는 '가부를 묻는 질문'에 대답하여 '예' 혹은 '아니오'라고 대답할 때에 쓴다. '예, 그렇습니다'하고 시인하는 것을 '긍정의 대답'이라고 하고, '아니오, 그렇지 않습니다'하고 부인하는 것을 '부정의 대답'이라고 한다.
Yes와 No 다음에 설명이 이어질 때는 반드시 뒤에 쉼표(,)를 찍는다.
대답을 할 때는 줄여서 말하는 것이 원칙이다. 예를 들어 다음과 같은 질문에 대하여 (a), (b) 두 가지 대답이 나왔다면 어느 쪽이 더 간결하고 자연스러운 대답일까?

이것은 사과입니까?

(a) 예, 그것은 사과입니다.
(b) 예, 그렇습니다.

물론 (b)의 대답이 더 바람직하다. 영어의 경우도 같은 말의 반복을 피하여 (b)처럼 간결하게 하는 것이 일반적이다.

Is this an apple?

(a) Yes, it is an apple.
(b) Yes, it is.

부정의 대답에서 No는 not과 붙어다닌다. 즉, No라는 부정 다음에는 not이 이어진다. not이 들어간 문장을 '부정문'이라고 한다.

Is this an apple?

 Yes, it is.

 No, it is not.

부정문은 다음과 같이 줄여 쓸 수 있다.

No, it is not. ➡ No, it isn't.
　　　　　　　　No, it's not.

단, 긍정의 대답(Yes, it is.)은 줄여 쓰지 않는다.

an의 용법

a는 자음으로 시작되는 명사 앞에, an은 모음으로 시작되는 명사 앞에 붙인다. 단, 글자가 아니라 발음을 기준으로 한다는 점에 주의해야 한다.

> 모음 — a, e, i, o, u의 5자로 시작되는 발음
> 자음 — 위 5자 이외의 모든 글자로 시작되는 발음을 말한다.

그러나 a나 an은 뜻이 똑같고 쓰이는 위치도 똑같으며 다만 어느 명사와 어울리느냐의 차이만 있을 뿐이다.

a와 an이 쓰이는 예를 보면 다음과 같다.

자 음		모 음	
a book	a pen	an apple	an orange
a Korean	a student	an American	an Englishman
a teacher	a doctor	an ice cream	an engineer

too의 용법

too는 '~도 역시, ~도 또한'이라는 뜻이며 반드시 문장 끝에 오고, 그 앞에는 쉼표(,)를 찍는다.

This is an English book. 이것은 영어책이다.
That is an English book, *too*. 저것도 역시 영어책이다.

Is this a school? 이것은 학교입니까?

Is that a school, too? 저것도 역시 학교입니까?

만일 아래 문장에서 쉼표를 빠뜨리면 틀린 문장이 되므로 주의해야 한다.

✗ You're a student too.
✗ It is an apple too.
⎤ (,)가 빠짐

 참고

too와 also

두 낱말은 뜻은 같지만 문장에서의 위치가 다르다. 즉, too는 문장 끝에 쓰이고 also는 문장 중간에 쓰인다.

That is an apple, *too*.
That is *also* an apple.

This is a hotel, *too*.
This is *also* a hotel.

Memory Box

발음과 억양

- **an apple의 발음**
  an apple '언 애플'이라고 단어마다 따로 발음하지 말고 an apple '어내플'처럼 단숨에 발음한다.
  an orange '어노렌지'도 같은 방법으로 발음한다.

- **의문문의 억양**
  별색 부분을 강하게 발음하고, 문장 끝을 올려 읽는다.

  Is this an apple?   Is that a monkey?

- **대답하는 문장의 억양**
  대답의 is는 강하게 발음한다.

  Yes, it is.   No, it isn't.

연습문제 / Exercises

1 빈 자리에 a나 an을 써 넣으시오.

(1) This is _____ pencil.

(2) That's _____ orange.

(3) Is this _____ apple?

(4) Is that _____ chair?

2 다음 글의 빈 자리에 알맞은 낱말을 써 넣으시오.

(1) Is this a map? Yes, _____ _____.

(2) Is that a map, _____?
    - No, _____ _____.

(3) _____ this a picture?
    - No, it _____. _____ _____ map.

3 (   ) 안의 지시대로 고쳐 쓰시오.

(1) This is a lion. (lion을 animal로)
   → _____animal.

(2) This is a robot. (의문문으로)
   → _____

(3) This is an album. (부정문으로)
   → _____

Hints

▶ (1)~(3)
자음 앞에는 a를, 모음 앞에는 an을 쓴다.

▶ (4)
chair[tʃɛər] 의자

▶ (1)
map[mæp] 지도

▶ (3)
picture[píktʃər] 그림

▶ (1)
부정관사에 대한 문제
lion[láiən] 사자
animal[ǽnəməl] 동물

▶ (2)
be 동사가 있는 문장은 be 동사를 문장 앞에 가져와서 의문문을 만든다.

▶ (3)
부정문에는 not이 있다.
album[ǽlbəm] 앨범

Exercises

(4) 저것이 사과입니까? (영어로)

➡ _____

4 다음 대화의 의미가 통하도록 빈칸을 채우시오.

A : ____①____ that ____②____ pencil?
B : Yes, ____③____ ____④____. It's ____⑤____ pencil.
A : Is this ____⑥____ pencil, too?
B : ____⑦____, it ____⑧____. It's a ball-point pen.

5 다음 질문에 대한 올바른 대답은?

A : Is this a flower?
B : _____.

① Yes, it's not.   ② It isn't a flower.
③ No, it is a flower.   ④ Yes, it is.

Hints

▶ 4
ball-point pen 볼펜

▶ 5
Is this ~?의 의문문에는 Yes, No로써 대답하며, No 뒤에는 not을 쓴다.

정답

1 (1) a (2) an (3) an (4) a
2 (1) it is (2) too, it isn't (3) Is, isn't, it's a
3 (1) This is an (2) Is this a robot? (3) This is not[isn't] an album. (4) Is that an apple?
4 ① Is ② a ③ it ④ is ⑤ a ⑥ a ⑦ No ⑧ isn't
5 ④

Is this ~ or ...? It's ~.
03

기본예문

1. **Is this a violin or a cello?**
   이것은 바이올린입니까, 첼로입니까?

   - **It's a cello.**
   그것은 첼로입니다.

2. **Is that a desk or a table?**
   저것은 책상입니까, 탁자입니까?

   - **It's a desk.**
   그것은 책상입니다.

New words

violin [vàiəlín] 바이올린
or [ɔːr] 혹은, 또는
cello [tʃélou] 첼로
desk [desk] 책상
table [téibəl] 식탁, 탁자

chicken [tʃíkin] 병아리, 닭
duck [dʌk] 오리
picture [píktʃər] 그림
pencil [pénsəl] 연필
egg [eg] 달걀

Is this A or B? 이것은 A입니까, B입니까?

이것은 '선택 의문문'의 형식으로 가까이에 있는 사물을 가리켜 A인지, 아니면 B인지를 묻는 것이다. A와 B가 물건일 때나 사람일 때나 동시에 쓸 수 있는 표현이다. 좀 떨어져 있는 경우에는 this 대신 that을 쓴다.

or는 '~ 아니면 ~' '혹은'이라고 말할 때 쓰는 접속사로 and와 비교되는 말이다.

a chicken　　　or　　　a duck

or가 있는 의문문의 억양

or 앞에서 올리고(↗), 문장 끝은 내린다(↘). 그리고 or a를 붙여서 읽으면 '오어러'처럼 들린다.

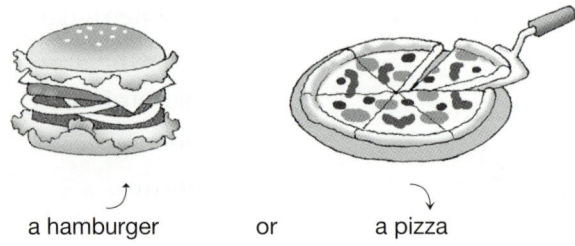

a hamburger　　　or　　　a pizza

or가 있는 의문문의 대답

Is this ~? Is that ~?의 의문문에는 Yes, No로 대답하지만, or가 들어 있는 의문문에는 Yes, No로 대답할 수 없다. 그냥 It's ~.로 대답한다. 즉 It's A. 또는 It's B.로 대답한다.

- Is this a picture? ➡ Yes, it is.
- Is that a pencil? ➡ No, it isn't.

Yes/No 의문문

- Is this an egg or a golf ball?
  ➡ It's a golf ball.
- Is that a desk or a table?
  ➡ It's a table.

 **it의 용법**

it은 얘기되고 있는 것을 가리키는 것으로 '그것'이라는 뜻이다. this나 that으로 물은 물음에 답을 할 때 쓰인다. it은 '지시대명사'라고 하며 물건과 사람을 가리킨다. 이 it은 this, that과 마찬가지로 '하나'만을 가리킬 때 쓰인다. '책상 다섯 개'를 가리키며 this, that, it이라고는 하지 않는다.

 '이것은(this) 컴퓨터입니까?'
 '예, 그것(it)은 컴퓨터입니다.'

 '저것(that)은 기타입니까?'
 '아니오, 그것(it)은 기타가 아닙니다.'

Is that a piano? Yes, it is.

This is a computer. 이것은 컴퓨터입니다.
That is a guitar. 저것은 기타입니다.
It is a piano. 그것은 피아노입니다.
　→ 한 가지 물건
　→ 한 가지를 가리키는 지시대명사

 참고

it은 A와 B, 두 사람이 대화할 때 '당신이 말하는 그 물건' '우리가 이야기하고 있는 그 물건'을 되받아 말할 때 쓰는 말이며,

   (1) this로 물어도 it으로 대답하고
   (2) that으로 물어도 it으로 대답한다.

따라서 this, that은 거리와 관계가 있지만 it은 거리와는 관계가 없다. it에는 '그것은'이라는 뜻이 있지만 어떤 때는 굳이 우리말로 옮길 필요가 없다.

Memory Box

발음과 억양

• l[l]과 r[r]의 발음 차이

혀를 윗잇몸에 꼭 대고, 혀 양쪽으로 소리를 낸다.

 [l] lamp

혀끝을 말아 올리듯 하고 윗잇몸에 가까이 대지만, [l]처럼 붙이지는 않는다.

[r] room

• 단어의 악센트에 대하여
단어에도 강하게 발음하는 부분과 약하게 발음하는 부분이 있는데, 강하게 발음하는 부분은 발음 기호 위에 표시가 붙어 있고, 이를 악센트라 한다.

   ■ □ apple [ǽpl]   pencil [pénsəl]   notebook [nóutbùk]
   □ ■ □ tomato [təméitou]

• a나 an은 약하게 발음한다.

   □ ■ a pen   an orange

연습문제

1 다음 대화의 빈 칸에 알맞은 낱말을 써 넣으시오.

A : Is this a cap?
B : Yes, ___(1)___ ___(2)___ .
A : Is that a cap, ___(3)___ ?
B : No, ___(4)___ ___(5)___ . ___(6)___ a hat.
A : Is this a picture book ___(7)___ ___(8)___ album?
B : ___(9)___ ___(10)___ picture book.

(1) (　　　)　　(2) (　　　)
(3) (　　　)　　(4) (　　　)
(5) (　　　)　　(6) (　　　)
(7) (　　　)　　(8) (　　　)
(9) (　　　)　　(10) (　　　)

Hints

▶ (1)~(10)
cap[kæp] (테 없는) 모자

hat[hæt] (테 있는) 모자

2 다음 문장의 (　) 안에 올려 읽을 때는 (↗)표를, 내려 읽을 때는 (↘)표를 써 넣으시오.

(1) Is this a school? (　) Yes, it is. (　)
(2) Is that a rose? (　) No, it isn't. (　)
(3) Is this a baseball (　) or a basketball? (　)
　　It's a baseball. (　)

▶ (1)~(2)
be 동사의 의문문은 끝을 올려 읽는다.
school[skuːl] 학교
rose[rouz] 장미

▶ (3)
or가 있는 의문문은 or 앞에서 올려 읽고 문장 끝에서 내려 읽는다.

Exercises

3 다음 물음에 대하여 ( ) 안의 낱말을 이용하여 대답하시오.

(1) Is this a school or a library? (school)

➡ _____

(2) Is this an apple or an orange? (orange)

➡ _____

(3) Is that a desk or a table? (desk)

➡ _____

(4) Is that a teacher or a student? (teacher)

➡ _____

Hints

▶ (1)
library [láibrèri] 도서관

정답

1 (1) it (2) is (3) too (4) it (5) isn't (6) It's (7) or (8) an (9) It's (10) a

2 (1) ↘↗ (2) ↘↗ (3) ↗↘

3 (1) It is a school. (2) It is an orange. (3) It is a desk. (4) He[She] is a teacher.

What is this?
04

기본예문

1 What is this?
이것은 무엇입니까?

- It's a robot.
로봇입니다.

- It's a big robot.
큰 로봇입니다.

2 What's that?
저것은 무엇입니까?

- It's a fridge.
냉장고입니다.

- It's an old fridge.
낡은 냉장고입니다.

New words

what [*h*wɑt] 무엇, 어떤 (것)
robot [róubət] 로봇
big [big] 큰
fridge [fridʒ] 냉장고
old [ould] 늙은, 낡은
lion [láiən] 사자
tiger [táigər] 호랑이
blackboard [blǽkbɔ̀:rd] 칠판
pretty [príti] 예쁜
girl [gə:rl] 소녀

의문사 what에 대해서

What은 물건을 가리켜 '무엇입니까?'라고 물을 때 쓰는 말이며, 이렇게 의문을 나타내는 낱말을 '의문사'라고 한다.

What을 써서 묻는 의문문을 'WH-의문문'이라고 한다. 그것은 What이 Wh-로 시작되기 때문이다. 그러나 의문문에는 '무엇' 이외에도 '언제?' '어디서?' '누가?'라고 묻는 경우도 있다. 이때 쓰는 말들은 모두 Wh-로 시작하므로 이들 의문문을 통틀어 'WH-의문문'이라고 한다.

[우리말에서]

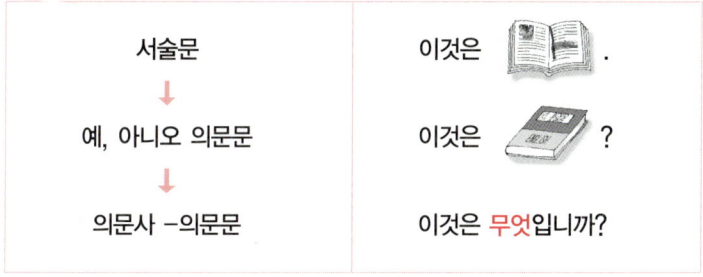

[영어의 경우]

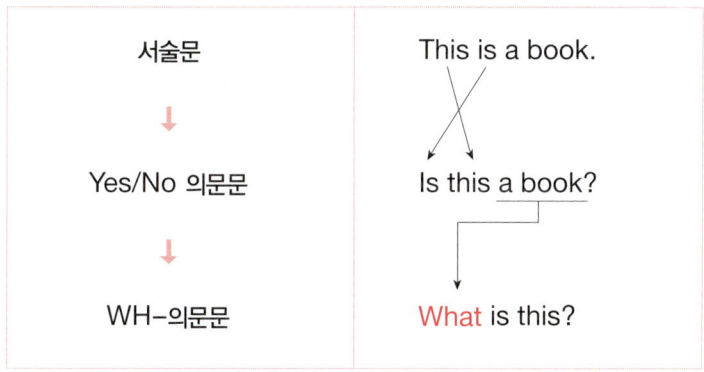

What is this [that]? 이것[저것]은 무엇입니까?

우리가 앞서 배운 의문문은 모두 '예'나 '아니오'의 대답을 요구하는 질문이었고, 그것을 'Yes/No 의문문'이라고 배웠다. 그러나 여기서 배울 'WH-의문문' 중의 하나인 What is this[that]?의 질문은 이것[저것]이 무엇인지를 묻는 것이다. 이때는 의문사 What을 문장의 맨앞에 두어 What is this[that]?라고 한다. What으로 시작하는 의문문은 끝을 내려 읽는다.

다음을 비교해 보자.

Yes/No 의문문	WH-의문문
Is this a lion? (이것은 사자입니까?) - Yes, it is. 　No, it isn't. It's a tiger.	What is this? (이것은 무엇입니까?) - It's a monkey. 　It's a deer.

- Yes/No 의문문　　　　　　Is this a postcard ? ↗

- WH-의문문　　　　　　　What is this? ↘

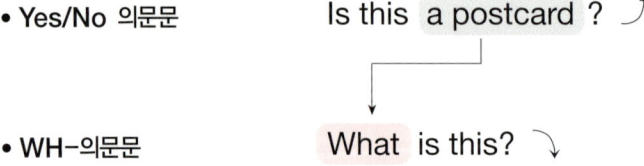

의문사가 있는 의문문의 대답

What's this[that]?의 물음에는 It's ~.로 대답한다. Yes, No를 쓰지 않는 데에 주의해야 한다.

✕ **Yes, it is a blackboard.**
  예, 그것은 칠판입니다.

✕ **No, it isn't a blackboard.**
  아니오, 그것은 칠판이 아닙니다.

} Yes나 No로 대답하지 않는다.

○ **It is a blackboard.**

○ **It's a blackboard.**

우리말에서 애들끼리 '이게 뭐야?'라고 물으면 '사과'라고 대답하듯이 영어로도 다음과 같이 대답할 수 있다.

 What is this?

 An apple.

What is의 줄임말

What is가 줄면 What's가 되고 발음은 [왓트 이즈] → [왓쓰]로 변한다. 이렇게 is는 앞에 낱말이 있으면 줄여 쓸 수 있다.

- **인칭대명사**　　He is ➡ He's

　　　　　　　　She is ➡ She's

- **지시대명사**　　That is ➡ That's

　　　　　　　　It is ➡ It's

- **고유대명사**　　Mrs. Wilson is my teacher.
　　　　　　　　➡ Mrs. Wilson's my teacher.

- **의문사**　　　　What is ➡ What's

'큰 개' '늙은 고양이'의 표현

'큰 개' '늙은 고양이'의 '큰, 늙은'과 같은 낱말을 '형용사'라고 한다.

　　　　a *big* elephant　큰 코끼리

　　　　an *old* horse　늙은 말

　　　　a *pretty* girl　예쁜 소녀

이와 같이 형용사가 명사 앞에 와서 명사를 꾸미는 역할을 하는 것을 형용사의 '한정적 용법'이라고 한다. 형용사가 한정적으로 쓰이는 경우는 말의 순서(어순)가 우리말과 같다.(16과 참조)

형용사의 수식

a 한		house 집
a 한	big 큰	house 집
an 한	old 낡은	house 집

영어와 우리말의 어순이 같다.
(a[an]+형용사+명사)

Memory Box

발음과 억양

- '큰 개' '작은 고양이'의 리듬
  a(an)을 약하게, 형용사와 명사를 강하게 발음한다.
  □■■ a big dog   □■□■ a little cat

- What's this?의 억양
  What's this?   It's a book.
  What's that?   It's an apple.

- cat, bag 따위의 a의 발음
  우리말의 [애]에 가까운 발음이다. 발음 기호는 [æ]라고 쓴다.

4. What is this? **041**

연습문제 Exercises

1 다음 물음에 대한 대답을 보기에서 찾아 기호로 답하시오.

보기
ⓐ It is a cow.
ⓑ Yes, this is.
ⓒ No, it isn't.
ⓓ Yes, it's an ox.
ⓔ It is an egg.
ⓕ Yes, it's young.
ⓖ It's an old lion.

(1) Is this a big dog? (   )

(2) Is that an ox or a cow? (   )

(3) What is that? (   )

(4) Is that a young lion or an old lion? (   )

2 (   ) 안의 우리말에 알맞은 영어를 다음 문장에 넣어 쓰시오.

(1) This is an apple. (큰)
This _____

(2) That is a desk. (오래된)
That _____

(3) Is that a bag? (새로운)
Is _____

Hints

▶(1)
be 동사로 시작한 의문문이다.

▶(2)
or가 들어 있는 선택의 문문은 Yes, No로 답하지 않는다.

▶(3)
의문사 what으로 시작하는 의문문은 Yes나 No로 대답하지 않는다.
cow[kau] 암소, 젖소
ox[ɑks] 황소
young[jʌŋ] 젊은, 어린
lion[láiən] 사자

▶(1)~(2)
형용사의 위치는 '관사+형용사+명사'이다.
큰 : big
오래된 : old

▶(3)
bag[bæg] 가방, 자루
new[nju:] 새로운, 처음의

Exercises

3 빈 칸에 가장 알맞은 말은?

(1) What's this?
  _____ is a blackboard.

(2) What's this? — _____
  ① Yes, it's a table.   ② Yes, this is a table.
  ③ This is a table.   ④ It's a table.

Hints

▶ (1)
WH-의문문의 대답

4 다음 우리말을 영어로 옮기시오.

저것이 무엇이냐?

➡ _____

정답

1 (1) ⓒ   (2) ⓐ   (3) ⓔ 홍은 ⓐ   (4) ⓑ
2 (1) (This) is a big apple.   (2) (That) is an old desk.
   (3) (Is) that a new bag?
3 (1) It   (2) ④
4 What's that?

05 I'm ~. You are ~.

기본예문

1 **I'm Ki-ho.**
나는 기호입니다.

2 **You are a pianist.**
당신은 피아니스트입니다.

3 **I'm not a teacher.**
나는 선생님이 아닙니다.

4 **You aren't a student.**
당신은 학생이 아닙니다.

New words

I [ai] 나
am [æm] ~이다
you [juː] 당신은
are [ɑːr] ~이다
pianist [piǽnist] 피아니스트
teacher [tíːtʃər] 선생님, 교사
Miss [mis] ~양
Mr. [místər] Mister의 약어. ~씨, 선생
Mrs. [mísiz] Mistress의 약어. ~부인, 여사
Ms. [miz] ~씨(기혼·미혼 여성에게 다 씀)

I'm ~. 나는 ~이다.

자기 즉 '나'를 가리킬 때는 I라 하고 '~입니다'는 am이다. 또 '기호'는 이름인데 흩어져 있는 단어가 모여 '나는 기호입니다.'라는 의미있는 글을 만들었다.

I는 am과 짝을 이루어 '나는 ~이다'라는 뜻을 나타낸다. I는 am과 절대 짝을 바꾸지 않고 다른 짝과 바꿀 수도 없다. 그들은 헤어질래야 헤어질 수 없는 일심동체다.

    × I are Ki-ho.   × I is Ki-ho.
    × You am Jane.   ○ I am Ki-ho.

I am은 I'm으로 줄여 쓸 수 있다.

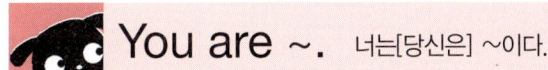
You are ~. 너는[당신은] ~이다.

자기와 대화를 나누는 상대방을 You라고 한다. 이 경우의 '입니다'에 해당되는 말은 are이다. I의 짝은 am이라고 했는데 You의 짝은 are이다. are도 You와는 절대 떨어질 수 없는 관계이다. '당신은 ~입니다'라는 뜻의 'You are ~' 또한 영어의 가장 중요하고 기본되는 문장이다.

am과 are는 수학의 '=' 과 같다

I am Ki-ho.	나 = 기호
You are Miss Park.	당신 = 박선생님

또 am이나 are는 be 동사의 변형이다.
am, are는 be[bi:]라는 한 뿌리에서 갈라진 변형들이며 be는 영어에서 가장 큰 낱말의 가족을 이루고 있다. 그 사용 횟수로 보아도 be 동사는 가장 중요한 낱말이다.
또 영어 문법에서는 '가다' '오다' '먹다' '달리다' 따위의 '움직임을 나타내는 말'을 '동사'라고 하는데 '~이다, ~입니다'의 뜻을 가진 am, are, is도 영어 문법에서는 동사라 한다.

I am Ki-ho.
You are Tom.

 **이름 쓰는 법**

사람의 이름에는 a나 an을 붙이지 않고 항상 대문자로 시작한다. 우리나라의 '씨'에 해당하는 말에는 다음의 세 가지가 있다.

　　　　　Miss 미혼 여성에게　　　Mr. 남성에게　　　Mrs. 기혼여성에게

이 말들은 반드시 성에 붙여야 하며 이름과 마찬가지로 항상 대문자로 쓴다.
Tom과 Jane 등은 이름이다. Tom은 '김 기호'의 '기호'와 같은 이름이다. Jane은 '김 영희'의 '영희'와 같은 이름이다.
영어의 성과 이름의 순서는 우리말과 반대다.

이름	+	성
Tom		Brown
Jane		Wilson

그리고 Mr.나 Mrs.는 약자이기 때문에 끝에 반드시 마침표(.)를 찍는다는 것을 잊지 말자. Miss는 약자가 아니기 때문에 찍지 않는다. 요즈음엔 기혼, 미혼 여성 모두에게 Ms.라고 흔히 쓴다.
Tom, Jane과 같은 이름과 Brown, Wilson 같은 성은 어떤 특정한 사람에게만 붙이는 고유한 이름이기 때문에 문법에서는 '고유명사'라고 한다. student나 teacher는 일반적으로 어디에나 존재하기 때문에 이런 낱말을 영어 문법에서는 '보통명사'라고 한다.
사람 이름뿐만 아니라 '한국' '서울' '한강' '세종문화회관'도 모두 고유명사이며, 고유명사는 반드시 대문자로 시작한다는 것을 잊지 말자.

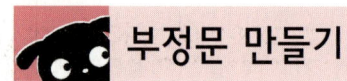 **부정문 만들기**

I'm not ~. You are not ~.처럼 am, are의 바로 뒤에 not을 붙이면 '~이 아니다'라는 부정의 뜻을 가진 문장이 된다.
are not은 aren't로 줄여 쓸 수 있다.

	I	am	Ki-ho.
부정문	I'm	not	Ki-ho.
	You	are	a teacher.
부정문	You	aren't	a teacher.

Memory Box

발음과 억양

• I'm ~. You are ~.의 억양

　　I'm Tom.　　　　　　You are Alice.
　　I'm not a teacher.　　You aren't a Korean.

• 단어의 악센트와 리듬

　　■ □ teacher [tíːtʃər]　　student [stjúːdənt]　　orange [ɔ́ːrindʒ]
　　□ ■ Mr. Park　　　　　Mrs. Smith　　　　　　Miss Brown

　　※ Mr./Mrs./Miss는 강하게 발음하지 않는다.

연습문제   Exercises

1 am, are, is 중 알맞은 것을 빈칸에 써 넣으시오.

(1) You _____ a good student.

(2) I _____ a little boy.

(3) _____ this a car or a taxi?

(4) What _____ that?

Hints

▶ (1)~(4)
I → am, You → are
this, that → is
good[gud] 좋은, 훌륭한, 착한
little[lítl] 작은, 어린
boy[bɔi] 소년
car[kɑːr] 자동차

2 다음 빈칸에 a, an을 써 넣으시오. (단, 필요없는 곳은 ×표)

(1) Is that _____ lemon or _____ orange?

(2) You are _____ pretty girl.

(3) I'm _____ Kim Ki-ho.

▶ (1)~(3)
a, an을 부정관사라 한다. a는 자음 앞에, an은 모음 앞에 쓴다.
lemon[lémən] 레몬
pretty[príti] 예쁜
girl[gəːrl] 소녀

3 다음 글을 읽고 물음에 답하시오.

> 보기 ⓐ I'm a student.   ⓓ You are a teacher.
> ⓑ I'm a boy.   ⓔ You're a woman.
> ⓒ I'm a Korean.

(1) ⓐ의 문장을 부정문으로 고치시오.

(2) ⓑ의 문장을 'handsome'을 넣어 다시 쓰시오.

(3) ⓒ에서 Korean을 American으로 고쳐 쓰시오.

▶ (1)~(5)
Korean[kəríːən] 한국의, 한국인
woman[wúmən] 부인, 여자
American[əmérikən] 미국의, 미국인

▶ (1)
부정문에는 not이 들어간다.

▶ (2)
형용사는 명사 앞에 위치한다.

Exercises

(4) ⓓ의 문장을 부정문으로 고치시오.

(5) ⓔ의 문장에 'old'를 넣어 다시 쓰시오.

Hints

4 빈 자리에 I, You, This 중 알맞은 것을 넣으시오.

(1) _____ am Tom.

(2) _____ are a teacher.

(3) _____ is a skateboard.

5 다음 문장에서 틀린 곳을 찾아 바르게 고치시오.

(1) Is you a middle school student?

(2) I am a Kim Min-ho.

(3) I is a little boy.

▶ (2) 사람 이름 앞에는 부정관사를 붙이지 않는다.

정답

1 (1) are (2) am (3) Is (4) is 2 (1) a, an (2) a (3) ×
3 (1) I'm not a student. (2) I'm a handsome boy. (3) I'm an American.
(4) You are not[aren't] a teacher. (5) You're an old woman.
4 (1) I (2) You (3) This   5 (1) Is → Are (2) 'a'를 없앰 (3) is → am

050

Are you ~? Am I ~?
06

기본예문

1 Are you Tom?
당신은 탐입니까?

- Yes, I am.
예, 그렇습니다.

2 Am I a doctor?
나는 의사입니까?

- No, you aren't.
아니오, 그렇지 않습니다.

New words

Tom[tɑm] 탐 (남자 이름)
doctor[dɑ́ktər] 의사
nurse[nə:rs] 간호사

good[gud] 좋은, 착한
father[fɑ́:ðər] 아버지
guitarist[gitɑ́:rist] 기타 연주자

Are you ~? Am I ~?

'Are you ~?' 'Am I ~?'은 각각 '당신은 ~입니까?' '나는 ~입니까?'라는 의문문이다. 이들 의문문은 You are a nurse.(당신은 간호원입니다.)의 are를 앞에 내놓고 Are you ~?라고 하면 '당신은 ~입니까?' 하고 묻는 물음이 되고, 마찬가지로 I am a doctor.의 문장에서 am을 I 앞에 내놓으면 Am I ~?(나는 ~입니까?)라는 의문문이 된다.

I am a doctor.

Am I a doctor?

You are a nurse.

Are you a nurse?

 **참고**

의문문을 만드는 방법

(1) 서술문의 '주어+동사'의 순서를 '동사+주어'로 바꾼다.
(2) 문장 끝의 마침표(.) 대신 물음표(?)를 찍는다.
(3) 동사의 첫자를 대문자로 고치고 주어의 첫자를 소문자로 바꾼다.

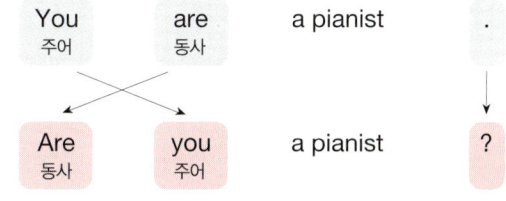

Are you ~?의 대답

'당신은 ~입니까?'라고 질문받았을 때의 대답은 '나는'을 써서 Yes, No로 대답을 한다.

Yes, I am. 예, 그렇습니다.

No, I'm not. 아니오, 그렇지 않습니다.

Are you a good student?	Yes, I am.	긍정
	No, I'm not.	부정

Yes로 대답하는 경우 Yes, I'm.으로 줄여 쓰지 않는다.

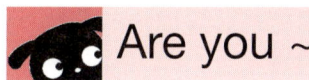 Are you Tom?

 ✗ Yes, I'm.

 ○ Yes, I am.

Are you a student?

 ✗ Yes, I'm.

　　　　○ Yes, I am.

 Am I ~?의 대답

'나는 ~입니까?'라는 질문을 받았을 때 대답하는 입장이면 '당신은'이 되므로 you를 써서 Yes, No로 대답한다.

Yes, you are.
예, 그렇습니다.

No, you aren't.
아니오, 그렇지 않습니다.

Am I a good father?	Yes, you are.	긍정
	No, you aren't.	부정

주의

No와 No.

Yes/No의 No는 '아니다'란 뜻이지만, 상품 등에 흔히 찍혀 있는 No.는 number [nʌ́mbər] 의 약자이므로 혼동하지 말 것.
여러분이 흔히 말하는 '넘버원'은 No. 1이라고 쓰고, Number One으로 읽는다. '노 원'이라고 읽지 않도록 조심!

 **참고**

긍정의 대답과 부정의 대답

질문에 대하여 '예, 그렇습니다'라고 시인하는 것을 긍정의 대답이라 하고 '아니오, 그렇지 않습니다'라고 부인하는 것을 '부정의 대답'이라고 한다.

 Are you a guitarist?
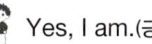 Yes, I am.(긍정) / No, I'm not.(부정)

위 대답처럼 문법에서는 not이 들어간 문장을 '부정문'이라 하고 이 부정문에 쓰이는 not은 No와 항상 붙어다닌다.
또 yes의 대답에서는 줄임말을 쓰지 않으나 부정의 대답에서는 '주어+동사'를 줄일 수도 있고 '동사(are)+not'을 줄일 수도 있다.

- 주어+동사의 줄임말
  - No, *I'm* not.
  - No, *you're* not.
- 동사+not의 줄임말
  - No, you *aren't*.

Memory Box

발음과 억양

• Are you ~? Am I ~?의 억양

Are you Tom?   Yes, I am.
Am I a doctor?   No, you aren't.

※ 대답의 am은 강하게 발음한다.
※ 글자가 굵은 부분을 강하게 발음하고, 오름·내림의 어조에 주의한다.

6. Are you ~? Am I ~?   **055**

연습문제

Hints

1 다음 글을 읽고 물음에 답하시오.

> Ki-ho :   ⓐ I'm Kim Ki-ho.
> Miss Brown : ⓑ I'm Mary Brown.
>   How do you do, Ki-ho?
>   ⓒ Glad to meet you.
> Ki-ho :   Glad to meet you, Miss Brown.

(1) 밑줄 친 ⓐ를 의문문으로 고치시오.

➡ _____

(2) 밑줄 친 ⓑ를 부정문으로 고치시오.

➡ _____

(3) 밑줄 친 ⓒ를 우리말로 옮기시오.

➡ _____

▶ (1)~(3)
how[hau] 어떻게, 얼마나
do[du] ~하다
glad[glæd] 반가운, 기쁜
to[tu] ~에게
meet[miːt] ~을 만나다

▶ (1)
be 동사가 있는 긍정문을 의문문으로 고칠 때는 be 동사를 문장 앞으로 가져온다.

2 다음 문장을 의문문으로 고치시오.

(1) You are Mrs. Park.   ➡ _____

(2) You're a new student.   ➡ _____

(3) That's Mr. Brown.   ➡ _____

▶ (2)
new[njuː] 새로운

▶ (3)
Mr.[místər] ~씨, 선생

3 빈칸에 알맞은 낱말을 넣어 두 대화를 완성하시오.

(1) _____ you Korean? Yes, _____ _____

Exercises

(2) _____ I a good pilot? No, _____ _____

(3) _____ you Ki-ho or Min-ho? _____ Ki-ho.

Hints

▶ (2)
pilot[páilət] 조종사

4 Yes로 시작되는 대답을 하시오.

(1) Are you a student? ➡ _____

(2) Are you an engineer? ➡ _____

(3) Are you Miss Davis? ➡ _____

▶ (1)~(3)
대답의 주어에 주의

5 No로 시작되는 대답을 하시오.

(1) Are you a teacher? ➡ _____

(2) Are you an American? ➡ _____

▶ (1)~(2)
대답의 주어에 주의

정답

1 (1) Am I Kim Ki-ho? (2) I'm not Mary Brown. (3) 만나서 반갑습니다.
2 (1) Are you Mrs. Park? (2) Are you a new student? (3) Is that Mr. Brown?
3 (1) Are, I am (2) Am, you aren't (3) Are, I'm
4 (1) Yes, I'm a student. (2) Yes, I'm an engineer. (3) Yes, I'm Miss Davis.
5 (1) No, I'm not a teacher. (2) No, I'm not an American.

He[She] is ~.
07

기본예문

1 He is Mr. Brown.
그는 브라운 씨입니다.

2 He isn't an engineer.
그는 기술자가 아닙니다.

3 She is Mrs. Smith.
그녀는 스미스 부인입니다.

4 She isn't a musician.
그녀는 음악가가 아닙니다.

New words

he [hi:] 그 남자는
she [ʃi:] 그 여자는
engineer [éndʒiníər] 기사, 기술자
musician [mju:zíʃən] 음악가
farmer [fá:rmər] 농부
soldier [sóuldʒər] 군인

He[She] is ~. 그는[그녀는] ~입니다.

자기(I)와 상대방(you) 이외의 '남자'를 he(그는), '여자'를 she(그녀는)로 나타낸다. 즉 Ki-ho, Tom, Mr. Brown을 말할 때는 he로, Ki-sun, Mrs. Brown, Miss Smith 등은 she로 나타낸다.

'그[그녀]는 ~입니다'의 '입니다'는 is이므로, He is ~. She is ~.의 문장이 된다.

Ki-ho = he

Ki-sun = she

3인칭 단수

he, she, Ki-ho, Tom, Mr. Brown, Mrs. Smith 등 자기와 상대방 이외의 제3자 한 사람을 3인칭 단수라고 한다. 단수란 하나란 뜻이다.

he, she는 나이와 지위에 관계없이 두루 쓰인다. 학생인 Tom도, 선생님인 Brown 씨도 he로 받는다. 또한 어머니도 she, 여동생도 she이다.

문법에서는 자기를 가리키는 I를 '1인칭', 대화 상대방을 가리키는 you를 '2인칭', 제3자를 가리키는 he나 she를 '3인칭'이라고 하는데, 각 인칭에 맞는 be 동사는 다음과 같다.

1인칭 단수	I (나는)	am
2인칭 단수	You (너는)	are
3인칭 단수	He (그는) She (그녀는)	is

 ## He[She] isn't ~. 그는[그녀는] ~이 아닙니다.

'그[그녀]는 ~이 아니다'는 is 바로 뒤에 not을 써서 부정하면 된다. is not는 isn't로 줄여서 쓸 수 있다.

He   is   Ki-ho.
He   is not(=isn't)   Ki-ho.

그녀 → She

그녀는 스미스 부인이다.
She isn't a farmer.

그 → He

그는 브라운 씨이다.
He isn't a soldier.

참고

I'm의 (') 표는 어파스트로피

줄임말을 만들 때 쓰이는 (')기호를 어파스트로피(apostrophe)라고 하는데 이 기호는 두 낱말이 합쳐질 때 없어지는 글자의 자리에 찍는다.
I+am ➡ I'm에서는 a자가 탈락되었으므로 그 자리에 (')가 찍힌 것이다.

Memory Box

발음과 억양

• He is ~. She is ~.의 억양
He, She, Mr., Miss는 약하게, 명사는 강하게 발음한다.

He is Tom.
He isn't Dick.
She is Miss Green.
She isn't a teacher.

연습문제 Exercises

1 다음 ( ) 안에 He 또는 She를 써 넣으시오.

(1) (   ) is an old woman.

(2) (   ) is a young man.

(3) (   ) isn't Mrs. Brown.

(4) (   ) isn't Mr. Brown.

(5) (   ) is Miss Kim.

Hints

▶(1)
woman은 여자이다.

▶(2)
man은 남자이다.
old [ould] 늙은
young [jʌŋ] 젊은

2 다음 문장을 부정문으로 고치시오.

(1) I'm a singer. ➡ _____

(2) You are a dentist. ➡ _____

(3) Tom is a good baseball player.
➡ _____

(4) Miss Kim is a typist. ➡ _____

(5) Mr. Brown is a pilot. ➡ _____

▶(1)~(5)
be 동사의 부정은 be 동사 다음에 not을 쓴다.
singer [síŋər] 가수
dentist [déntist] 치과의사
typist [táipist] 타자수

3 우리말에 알맞은 영어를 완성하시오.

(1) 탐은 영리한 소년이다. (is, Tom, a, boy, clever)
➡ _____

▶(1)~(2)
우리말과 영어의 어순의 차이점을 이해한다.

Exercises

(2) 기순이는 키가 작은 소녀가 아니다.
(short, a, not, is, Ki-sun, girl)

➡ _____

Hints

clever[klévər] 영리한
short[ʃɔːrt] 키가 작은, 짧은

3 다음 밑줄 친 부분을 괄호 안의 단어로 바꿔 문장을 다시 쓰시오.

(1) Are <u>you</u> Miss White? (she)

➡ _____

(2) <u>You</u> are a good brother. (He)

➡ _____

▶ (1)~(4)
주어에 따른 be 동사의 변화에 주의할 것.

(3) <u>You</u> are a good student. (Tom)

➡ _____

(4) Is <u>she</u> a tennis player? (you)

➡ _____

정답

1 (1) She (2) He (3) She (4) He (5) She
2 (1) I'm not a singer. (2) You are not a dentist. (3) Tom is not a good baseball player. (4) Miss Kim is not a typist. (5) Mr. Brown is not a pilot.
3 (1) Tom is a clever boy. (2) Ki-sun is not a short girl.
4 (1) Is she Miss White? (2) He is a good brother. (3) Tom is a good student. (4) Are you a tennis player?

7. He[She] is ~. **063**

Is he[she] ~?
08

기본예문

1 **Is Tom a student?**
   탐은 학생입니까?

   - **Yes, he is.**
     예, 그렇습니다.

2 **Is Nancy a teacher?**
   낸시는 선생님입니까?

   - **No, she isn't.**
     아니오, 그렇지 않습니다.

3 **Is Amy a singer or an actress?**
   에이미는 가수입니까, 배우입니까?

   - **She is a singer.**
     그녀는 가수입니다.

New words

singer[síŋər] 가수
actress[ǽktris] 여배우
talent[tǽlənt] 재능, 재사
scientist[sáiəntist] 과학자
typist[táipist] 타자수
waitress[wéitris] 여종업원

Is he[She] ~? 그는[그녀는] ~입니까?

2인칭에서 You are가 의문문이 될 때 주어와 동사의 위치가 변해 Are you~?가 되고 또 I am이 Am I~?가 되듯이 'He is ~.'의 is를 앞에 내놓으면 의문문이 된다. 이는 주어('~는'에 해당하는 말)가 he나 she 이외의 고유명사일 때도 마찬가지이다.

Nancy is a TV talent. ➡ Is Nancy a TV talent?

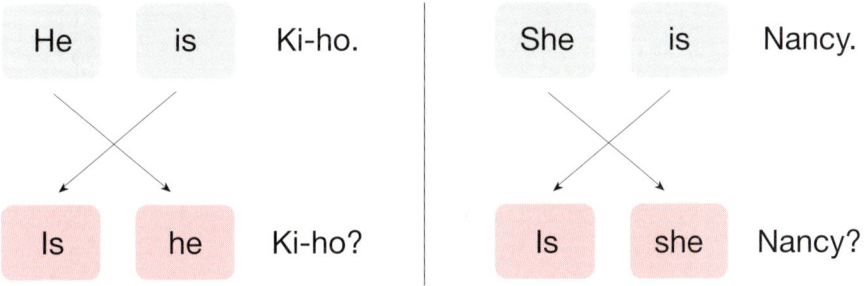

대답하는 방법

Is he[she] ~?의 물음에는 Yes, No로 답한다.

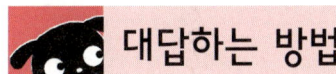

Is he ~? ┌ Yes, he is.
          └ No, he isn't.

Is she ~? ┌ Yes, she is.
           └ No, she isn't.

he나 she 대신 고유명사로 물을 때도 대답은 같은 방법으로 한다. 따라서 고유명사가 나올 때는 그것이 남자인지 여자인지 유의해야 한다.

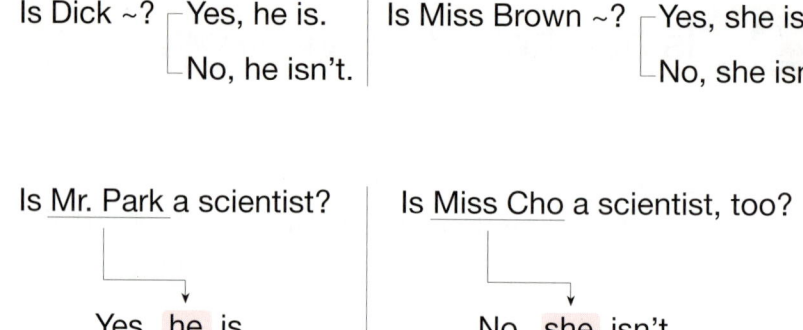

or가 있는 질문과 대답

앞에서 공부한 Is this A or B?와 마찬가지로 Is he[she] A or B?에서도 A에서 어조를 올리고 B에서 내린다.

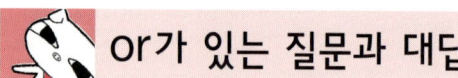
그는 기호니, 민호니?

이러한 질문에서는 둘 중 하나만 택해서 Yes / No 없이 대답해야 된다. 남자면 He is ~. 여자면 She is ~.로 답한다.

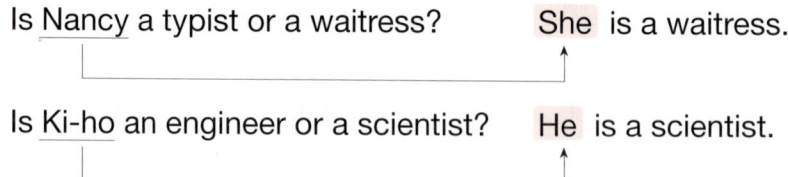

명사의 종류

명사는 크게 2가지로 나누어 셀 수 있는 명사와 셀 수 없는 명사가 있다. 셀 수 있는 명사에는 보통명사와 집합명사가 있고, 셀 수 없는 명사에는 물질명사, 추상명사, 고유명사가 있다.

- 보통명사 : book, dog 등
- 물질명사 : tea, butter 등
- 고유명사 : Tom, Seoul 등
- 집합명사 : family, class 등
- 추상명사 : life, love 등

Memory Box

발음과 억양

- Is he ~? Is Nancy ~?의 억양

    Is he Tom?　　　　　　Yes, he is.
    Is Nancy a teacher?　　No, she isn't.

    ※ 대답의 is는 강하게 발음한다.

- or가 있는 문장의 억양

    Is Ben a teacher or a student?　　He is a student.

연습문제 Exercises

1 다음 대화의 빈칸에 알맞은 말을 써 넣으시오.

> Ki-ho : Na-ra, this is Tom. __(1)__ __(2)__ my friend.
> Tom, this is Na-ra. __(3)__ is a new student.
> Na-ra : Hello, Tom.
> How do you do, Ki-ho?
> Tom : __(4)__, Na-ra. Is that girl your sister?
> Na-ra : Yes, __(5)__ __(6)__. Her name is Na-ri.
> Ki-ho : Is she a college student __(7)__ __(8)__ high school student?
> Na-ra : She is a college student.

Hints

▶ (1)~(8)
my [mai] 나의
friend [frend] 친구
new [njuː] 새로운, 새
hello [helóu] 여보세요, 안녕
your [juər] 너의, 당신의
sister [sístər] 여동생, 언니
her [həːr] 그녀의
name [neim] 이름
college [kálidʒ] 대학
high [hai] 높은
high school 고등학교

2 다음 빈칸에 알맞은 낱말을 써 넣으시오.

(1) _____ you a salesman? Yes, _____ _____.

(2) _____ Miss Kim a cook? Yes, _____ _____.

(3) _____ Mr. Park a cook, too?
No, _____ _____.

(4) Is Ki-sun a waitress _____ a stewardess?
_____ _____ a little girl.

▶ (1)~(4)
be 동사로 시작하는 의문문은 Yes, No로 대답하고 인칭대명사의 변화에 주의한다.
waitress [wéitris]
(호텔·음식점의) 여종업원
stewardess [stjúːərdis]
여승무원

3 다음 글을 읽고 물음에 답하시오.

> Mr. Park is a high school teacher. Miss Kim is a nurse. Ki-sun is a student. She is a good student.

Exercises

Hints

(1) Is Mr. Park a teacher? ➡ _____

(2) Is Miss Kim a teacher, too? ➡ _____

(3) Is Ki-sun a student or a nurse? ➡ _____

4 영어는 우리말로, 우리말은 영어로 옮기시오.

(1) Is she a nurse or a doctor? ➡ _____

(2) Is Ki-ho your friend? ➡ _____

(3) 너도 학생이니? ➡ _____

(4) 당신은 중국인입니까 아니면 일본인입니까?
➡ _____

정답

1 (1) He (2) is (3) She (4) Hello[Hi!] (5) she (6) is (7) or (8) a
2 (1) Are, I am (2) Is, she is (3) Is, he isn't (4) or, She is
3 (1) Yes, he is. (2) No, she isn't. (3) She is a student.
4 (1) 그 여자는 간호사입니까 아니면 의사입니까?
(2) 기호는 당신의 친구입니까?
(3) Are you a student, too?
(4) Are you a Chinese or a Japanese?

Who is ~? What is ~?

09

기본예문

1 Who is this man?
이 사람은 누구입니까?

- He is Mr. Brown.
그는 브라운 씨입니다.

2 What is that woman?
저 여자는 무엇을 하는 분입니까?

- She is an artist.
그녀는 화가입니다.

New words

who [hu:] 누구, 누가
man [mæn] 남자, 사람
woman [wúmən] 부인, 여성
artist [artist] 화가

my [mai] 나의
mother [mʌ́ðər] 어머니
poet [póuit] 시인

Who is ~?와 그 대답

Who는 '누구'에 해당하는 말인데 Who is~? 또는 줄여서 Who's ~?라고 묻는다. Who를 이용한 질문도 'WH-의문문'이라고 하며, 대답에 Yes나 No를 쓰지 않는다. Who는 이름이나 가족 관계(아버지, 어머니, 형, 누나 등)를 물을 때 쓴다. Who는 의문을 나타내는 말(의문사)이므로 항상 문장의 첫머리에 두고, 문장 끝의 어조는 내린다.

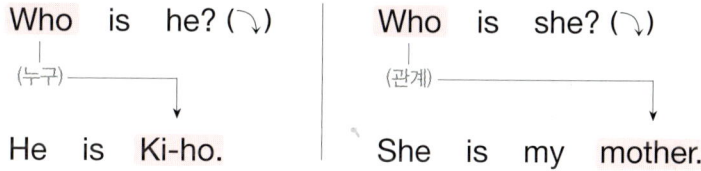

Who is she?라고 물었을 때

　　(✕) She is a teacher. 그녀의 직업
　　(○) She is my teacher. 나와의 관계

첫 대답은 직업(a teacher)만을 밝힌 것이므로 틀렸고, 둘째 대답은 나와의 관계(my teacher)를 밝혔으므로 맞는 대답이다.

What is ~?와 그 대답

What이 사람에게 사용되면, 그 사람의 직업이나 신분을 묻는 표현이 된다. 대답은 'I am(You are, He[She] is) + 직업'이다.

What is는 What's로 줄여 쓸 수 있고 발음은 [wats]로 한다.

이(this), 저(that)

this, that에는 다음과 같이 두 가지 용법이 있다.

(1) 지시대명사

this와 that이 단독으로 쓰일 때

- '이것'   What is *this*? 이것은 무엇입니까?
- '이 사람'   Who is *this*?   이분은 누구입니까?
- '저것'   What is *that*? 저것은 무엇입니까?
- '저 사람'   Who is *that*?   저분은 누구입니까?

(2) 지시형용사

this와 that이 다른 명사 앞에 붙어서 쓰일 때

- '이 ~'   Who is *this* man? 이 남자는 누구입니까?
- '저 ~'   Who is *that* girl? 저 소녀는 누구입니까?

'this[that]+명사'일 때는 그 앞에 a나 an을 붙이지 않는다.

- O   this man
- O   that woman
- ×   a this man
- ×   a that woman

 주의

Who, WHO, Who's Who

Who~?는 '누구 ~?'하고 물을 때, 문장 앞에 내세우는 의문사. WHO는 유엔 산하단체의 하나인 '세계보건기구'의 약칭이다. 그러면 Who's Who는 또 무슨 말인가? 바로 '인명사전'이란 뜻이다. 그래서 "Who's Who 1998"하면 '1998년의 인명사전'이다.

Memory Box

발음과 억양

- Who is ~? What is ~?의 억양

  Who is this man?   Who is he?   He is Mr. Green.
  What is that woman? She is a teacher.

- girl의 발음
  발음 기호로 나타내면 [gə:rl]인데, [ə:]는 '어'를 길게 발음하면 된다.

연습문제 Exercises

1 다음 글을 읽고 물음에 답하시오.

> I'm a student. My name is Tom Brown. My father is an engineer. I have a sister. Her name is Jane. She is a student, too. She likes music.

(1) Is Tom a student? ➡ _____

(2) Is his father a teacher? ➡ _____

(3) What is his father? ➡ _____

Hints

▶ (1)~(3)
father[fá:ðər] 아버지
have[hæv] 가지다, 있다
sister[sístər] 누이
her[həːr] 그녀의
like[laik] ~을 좋아하다
music[mjúːzik] 음악

2 다음 빈칸에 알맞은 낱말을 써 넣으시오.

(1) A : _____ are you?
B : I'm Ki-ho.

(2) A : _____ is your brother?
B : _____ is a basketball player.

(3) A : _____ is Mr. Park?
B : _____ is a policeman.

(4) A : _____ is Miss Cho?
B : _____ is a singer.

▶ (1)~(4)
who는 이름 및 관계를 묻고 what은 직업을 묻는다.
policeman[pəlíːsmən] 경찰관
singer[síŋər] 가수

Exercises

3 밑줄 친 B의 대답에서 가장 강하게 읽어야 할 낱말은?

> A : Who is that man?
> B : <u>He is Mr. Brown.</u>

① He   ② is   ③ Mr.   ④ Brown

Hints

▶ 3
who는 이름을 묻는 것이므로 이름에 강세를 둔다.

4 다음 질문에 대한 대답으로 옳은 것은?

> Who is this man?

① Yes, he is.   ② No, he's not.
③ He's a teacher.   ④ He's my friend.

▶ 4
①②는 WH-의문문에 대한 대답이 될 수 없다. ③은 What으로 물었을 때의 대답.

5 다음 대화 중 어색한 것은?

① A : What's that?   ② A : Who are you?
   B : It's a black cat.   B : I'm your student.
③ A : What is that girl?   ④ A : Who is she?
   B : She is beautiful.   B : She is Jane.

▶ 5
What is that girl?은 직업을 묻는 말

정답
1 (1) Yes, he is.   (2) No, he isn't.   (3) He is an engineer.
2 (1) Who   (2) What, He   (3) What, He   (4) What, She
3 ④   4 ④   5 ③

9. Who is ~? What is ~?

This is my bag.
10

기본예문

1 **Is this your racket?**
이것은 당신의 라켓입니까?

   - **Yes, it's my racket.**
   예, 그것은 내 라켓입니다.

2 **Is Jane your friend?**
제인은 당신의 친구입니까?

   - **No, she isn't my friend.**
   아니오, 내 친구가 아닙니다.

New words

bag [bæg] 가방
your [juər] 당신의, 너의
racket [rǽkit] 라켓
friend [frend] 친구
diary [dáiəri] 일기, 수첩
glove [glʌv] 장갑
brother [brʌ́ðər] 형제

 my(나의)와 your(당신의)

'I, you, he, she' 등은 주어 노릇을 하므로 '주격'이라 하고, 그 주격에는 각각 사람의 소유를 나타내는 말이 있다. 예를 들어 '나의 책'은 my book으로, '당신의 책'은 your book으로 나타낸다. 이때 my와 your를 소유격 대명사라고 한다.

소유격

This	is	a	diary.
This	is	my 나의	diary.
This	is	your 당신의	diary.

위에서 보듯이 'my[your]+명사'는 'this[that]+명사'와 마찬가지로 그 앞에 a나 an을 붙이지 않는다.

문장의 악센트는 뜻이 가장 중요한 낱말에 있다.

    Is this *your* bag? — Yes, it is *my* bag.

위에서 가장 중요한 낱말은 your나 my다. 그 이유는 질문의 초점이 '가방인가, 아닌가'에 있지 않고 '누구의 가방인가, 즉 당신의 것인가'에 있으며 대답도 '나의 것'이라는 데 초점이 있기 때문이다.
대답에 쓰이는 it은 우리말로 '그것'이란 뜻이기는 하나 우리말의 '그것'과는 상당한 차이가 있다. 우리말에서는 가까이 있는 것을 '이것' 멀리 있는 것을 '저것'이라 하고 그 중간에 있는 물건을 가리켜 '그것'이란 말을 쓴다. 그러나 영어의 it은 그런 뜻은 전혀 없고 앞서 얘기한 물건을 다시 가리킬 때에 주로 쓰인다.

    Is *that* my glove? 저것이 나의 장갑이니?

    Yes, *it's* your glove. 응, 그것은 너의 장갑이야.

간단한 대답과 자세한 대답

'Is this your ball?'이라고 물었을 때 '그렇다' 혹은 '그렇지 않다'라고 간단히 답할 수도 있고, Yes나 No 뒤에 'it's my ball' 'it isn't my ball'까지 붙여 자세히 답할 수도 있다.

Is this your ball?

⎡ Yes, it is. [간단한 대답]
⎣ Yes, it's my ball. [자세한 대답]

Is Ki-ho your brother?

⎡ No, he isn't. [간단한 대답]
⎣ No, he isn't my brother. [자세한 대답]

Is this your computer?
— Yes, it is.
— Yes, it's my computer.

Memory Box

발음과 억양

• my, your가 있는 문장의 억양

This | is | my | cap.　　　Is | that | your | house?
Is | Jane | your | friend?　　No, | she | isn't | my | friend.

연습문제

1 다음 우리말에 알맞은 영어를 완성하시오.

(1) 민호는 중학교 학생입니다.
   Min-ho _____ _____ junior high school _____.

(2) 그녀는 나의 여동생이 아닙니다.
   She _____ _____ sister.

(3) 저 소년은 누구입니까? — 그는 기호입니다.
   _____ _____ boy? — _____ is Ki-ho.

(4) 그는 당신의 선생님입니까? — 아니오, 그렇지 않습니다.
   Is _____ _____ teacher? — No, he _____.

(5) 당신의 아버지는 의사입니까? — 예, 그렇습니다.
   _____ _____ father _____ doctor?
   — Yes, _____ is.

Hints

▶ (1)
junior[dʒúːnjər] 연하의, 하급의
high[hai] 높은
junior high school 중학교

▶ (3)
who is의 줄임말은 who's이다.

2 다음 빈칸에 알맞은 낱말을 써 넣으시오.

(1) ┌ Is this your cap?
   └ Yes, it's _____ cap.

(2) ┌ Is that my album?
   └ No, it isn't _____ album.

▶ (1)
cap[kæp] 모자

Exercises

3 괄호 안에 있는 단어를 알맞은 형태로 바꾸어 빈칸에 넣으시오.

(1) You are _____ good friend. (I)

(2) That's _____ umbrella. (you)

(3) Is this _____ room? (you)

> **Hints**
>
> ▶ (1)~(3)
> 주격을 소유격으로 바꾸는 문제.

4 괄호 안의 낱말을 배열하여 우리말과 뜻이 같아지도록 하시오.

(1) 이것은 너의 도시락이다.
(is, lunch box, this, your)

➡ _____

(2) 저것은 나의 손수건이 아니다.
(my, that, handkerchief, isn't)

➡ _____

> ▶ (1)~(2)
> 도시락 : lunch box
> 손수건 : handkerchief

정답

1 (1) is a, student (2) isn't my (3) Who's that, He (4) he your, isn't (5) Is your, he a
2 (1) my (2) your
3 (1) my (2) your (3) your
4 (1) This is your lunch box. (2) That isn't my handkerchief.

11. What's his name?

기본예문

1 What's his name?
그의 이름은 무엇입니까?

- His name is Ki-ho.
그의 이름은 기호입니다.

2 Are you her brother?
당신은 그녀의 오빠입니까?

- Yes, I'm her brother.
예, 나는 그녀의 오빠입니다.

3 That's my cat.
저것은 나의 고양이입니다.

- Its name is Happy.
그것의 이름은 해피입니다.

New words

his [hiz] 그의
name [neim] 이름
her [həːr] 그녀의
cat [kæt] 고양이
happy [hǽpi] 행복한, 즐거운
hand [hænd] 손
put [put] 놓다, 얹다
shoulder [ʃóuldər] 어깨
pale [peil] 창백한
black [blæk] 검은(색)

his(그의)와 her(그녀의)

his(그의)와 her(그녀의)는 he와 she의 소유격 인칭대명사이다. 즉 he와 she의 소유를 나타내는 말이다.

his hand 그의 손

her bag 그녀의 가방

He put *his* hand on *her* shoulder.
그는 그녀의 어깨 위에 손을 얹었다.

His face is pale.
그의 얼굴은 창백하다.

Her hair is black.
그녀의 머리는 검다.

its(그것의)

it의 소유격은 its이다. 앞에서 배운 it's(=it is의 단축형)와 발음이 같으므로 주의해야 한다.

Its name is Happy.
그것의 이름은 해피입니다.

It's Happy.
그것은 해피입니다.

its (그것의) — it의 소유격

it's (그것은 ~입니다) — it is의 준말

주격과 소유격

	~은(주격)	~의(소유격)
나	I	my
당신	you	your
그	he	his
그녀	she	her
그것	it	its

물음과 대답과의 관계

What's your name?(당신의 이름은 무엇입니까?)의 대답은 My name is ~.이지만, What's his[her, its] name?의 대답에는 그대로 his, her, its를 써서 His[Her, Its] name is ~.라고 한다.

'물음'	→	'대답'
your	→	my
my	→	your
his	→	his
her	→	her
its	→	its

 참고

영어는 생략을 많이 할수록, 다시 말하면 줄임말을 많이 쓸수록 허물이 없고 친근한 말이 된다. 그러므로 가령 중학교 1학년생 또래의 학생끼리

    A : What is your name?
    B : My name is Tom Smith.

한다면 너무 격식을 차리는 어색한 분위기가 되고 만다. 이런 때에는

    A : What's your name?
    B : Tom Smith.

정도가 좋을 것이다.

Memory Box

발음과 억양

- What's his name?의 억양

    What's his name?   His name is Ben.
    What's her name?   Her name is Mary.

- her의 발음
 her [həːr] 의 [əː]는 '어'를 길게 발음하면 된다.

연습문제　　　　　　　　　　　　Exercises

1 다음 빈칸에 알맞은 낱말을 써 넣으시오.

(1) ┌ What's _____ name?
　　└ My name is Ki-sun.

(2) ┌ Is that his picture?
　　└ Yes, it's _____ picture.

(3) ┌ Is this her skirt?
　　└ No, it isn't _____ skirt.

(4) ┌ Is he your brother?
　　└ Yes, he is _____ brother.

Hints

▶ (1)
your → my

▶ (2)
his → his
picture[píktʃər] 그림

▶ (3)
her → her
skirt[skəːrt] 치마

2 다음 대화를 읽고 물음에 답하시오.

Ki-ho　　: This is my room.
Min-ho　: Is that your room, too?
Ki-ho　　: ①_____ It's Ki-sun's room.
Min-ho　: ②_____.
Ki-ho　　: No, it isn't. It's a Korean doll.
Min-ho　: ③_____.
Ki-ho　　: It's a model plane.
Min-ho　: Is this a shirt or a jacket?
Ki-ho　　: It's a jacket. ④ 이것도 또한 나의 재킷이야.

Exercises

(1) ①, ②, ③에 알맞은 것을 보기에서 골라 답하시오.

보기
ⓐ What is this?
ⓑ Is this an American doll?
ⓒ No, it isn't.
ⓓ What this is?

(2) ④의 우리말을 영어로 옮기시오.

➡ _____

Hints

▶ (1)~(2)
room[ru:m] 방
doll[dɑl] 인형
model[mádl] 모형
plane[plein] 비행기
shirt[ʃəːrt] 셔츠
jacket[dʒǽkit] 재킷

정답
1 (1) your (2) his (3) her (4) my
2 (1) ⓒ ② ⓑ ③ ⓐ (2) This is my jacket, too.

This is Tom's room.
12

기본예문

1 This is my brother's room.
이것은 내 형의 방입니다.

2 It isn't Tom's room.
그것은 탐의 방이 아닙니다.

3 Is that your sister's guitar?
저것은 당신의 누이동생의 기타입니까?

- Yes, it is. It's her guitar.
예, 그렇습니다. 그녀의 기타입니다.

New words

room [ruːm] 방
sister [sístər] 누이, 언니
hat [hæt] (테있는) 모자
model [mάdl] 모델
plane [plein] 비행기

bike [baik] 자전거
cap [kæp] (테없는) 모자
socks [sɑks] 양말
bicycle [báisìkl] 자전거

 ## '탐의' '내 형의'의 표현

대명사는 소유격이 될 때 변화(I – my, you – your, he – his, she – her)가 이루어지나 명사는 's(어파스트로피 에스)를 붙이면 소유격이 되어 '~의'라는 뜻이 된다.

my father's hat
내 아버지의 모자

's를 붙이는 것은 사람이나 그 밖의 생물에 한하며, 무생물(desk, room 등)에는 일반적으로 붙이지 않는다.

✗ **my room's window**
내 방의 창문

Ki-sun's bike

Tom's model plane

's의 발음에는 [s] [z] [iz]의 세 가지가 있다.

(1) [s] … [k] [p] 따위의 숨만 나오는 음(무성음) 뒤

    Dick's [diks] 딕의   Jack's [dʒæks] 잭의
    Kate's [keits] 케이트의

(2) [z] … [m] [i] 따위의 소리가 나오는 음(유성음) 뒤

    Tom's [tɑmz] 탐의   Mr. Brown's [braunz] 브라운 씨의

(3) [iz] … 어미의 발음이 [s] [z] [tʃ] [dʒ] 따위로 끝날 때

Alice's [ǽlisiz] 앨리스의

 **명사의 소유격과 대명사의 소유격과의 관계**

명사를 다시 반복하여 사용할 때는 대명사로 대신할 수 있다.

my brother's cap ➡ his cap

your sister's socks ➡ her socks

Tom's bicycle ➡ his bicycle

Alice's hat ➡ her hat

Memory Box

발음과 억양

- my brother's room의 억양

  This is Tom's cap.　　This is my brother's room.
  Is that your sister's hat?　Yes, it is.　It's her hat.

- th의 발음
  th[θ]는 혀끝을 가볍게 물고 '스'로 발음하고 [ð]는 '드'로 발음한다.
  　[θ] thank, Smith　　　[ð] father, mother

연습문제 Exercises

1 다음 우리말을 영어로 옮기시오.

(1) 기호의 노트 → _____

(2) 김 선생님의 책상 → _____

(3) 그의 형의 가방 → _____

(4) 당신 개의 이름 → _____

(5) 민호 여동생의 방 → _____

Hints

▶ (1)~(5)
김선생님 : Mr. Kim
그의 : his
당신의 개의 :
 your dog's
민호 여동생의 :
 Min-ho's sister's

2 밑줄 친 부분에 알맞은 대명사로 고쳐 다시 쓰시오.

(1) This boy is Ki-ho's brother.
_____ is _____ brother.

(2) That girl is Tom's sister.
_____ is _____ sister.

(3) What's that man's name?
What's _____ name?

(4) Is this your mother's spoon?
Is this _____ spoon?

(5) Is that Mrs. Kim's camera?
Is that _____ camera?

▶ (1)
This boy → He

▶ (2)
That girl → She

▶ (4)
spoon[spuːn] 숟가락

▶ (5)
camera[kǽmərə]
 카메라

Exercises

(6) What's <u>this dog's</u> name?

What's _____ name?

(7) This is <u>my cat's</u> house.

This is _____ house.

3 (　)안에 's의 발음을 나타내시오.

(1) mother's (　　)

(2) Mike's (　　)

(3) George's (　　)

(4) girl's (　　)

(5) boy's (　　)

(6) Dick's (　　)

Hints

▶ (1)~(6)

[p] [k]
무성음 → [s]
[m] [l] [i]
유성음 → [z]
[s] [z] [tʃ] [dʒ]
→ [iz]

정답

1 (1) Ki-ho's notebook　(2) Mr.Kim's desk　(3) his brother's bag
(4) your dog's name　(5) Min-ho's sister's room

2 (1) He, his　(2) She, his　(3) his　(4) her　(5) her
(6) its　(7) its

3 (1) [z]　(2) [s]　(3) [iz]　(4) [z]　(5) [z]　(6) [s]

13. Good morning. How are you?

기본예문

1. **Good morning, Ki-ho.**
   잘 잤니, 기호.

2. **Good afternoon, Mary.**
   잘 있었니, 메리.

3. **Good-bye, Billy.**
   안녕히 가세요, 빌리.

4. **How are you?**
   안녕하십니까?

5. **I'm fine, thank you.**
   덕분에 잘 있습니다.

6. **How do you do, Mr. Ken?**
   처음 뵙겠습니다, 켄 씨.

New words

morning [mɔ́ːrniŋ] 아침
afternoon [æ̀ftərnúːn] 오후
bye [bai] 안녕(작별 인사)
how [hau] 어떻게
fine [fain] 훌륭한
thank [θæŋk] 감사하다
do [duː] 하다
night [nait] 밤
evening [íːvniŋ] 저녁

Good morning. 잘 잤니?, 안녕하세요?

우리말에서는 언제 만나든 '안녕하세요?' 하고 인사하지만, 영어에서는 하루 중 언제 만나느냐에 따라 인사말이 다르다.
Good morning은 오전에 주고받는 인사로서 '안녕?' '안녕하세요?'의 일반적인 인사라고 볼 수 있다.
Good afternoon은 낮 12시 이후 해가 지기 전까지 하는 인사로 Good morning과 마찬가지로 우리말로는 '안녕하세요?'라는 뜻으로 하는 인사다.
Good evening은 해질 무렵부터 자정까지 쓰인다.
작별인사는 Good-bye인데 bye를 강하게 발음한다.
인사말 끝에는 상대방의 이름을 넣어 부르는 것이 다정한 표현이 된다. 글로 쓸 때는 그 앞에 쉼표를 찍는다. 이렇게 부르는 이름을 문법에서는 '호격'이라고 한다.

Good morning, Tom. 안녕, 탐.
— Good morning, Ki-ho. 안녕, 기호.

Good-bye, Miss Kim. 안녕히 가세요, 김 선생님.

Good night, Mother. 안녕히 주무세요, 어머니.
— Good night, Ki-ho. 잘 자라, 기호야.

때	인사말
오 전	Good morning.
오 후	Good afternoon.
저 녁	Good evening.
헤어질 때	Good-bye.

밤 인사에 Good night이 있는데 이 말을 쓸 때는 주의해야 한다.
Good morning, Good afternoon, Good evening이 모두 만났을 때의 인사인 데 반해서 Good night은 '안녕히 주무세요'라는 '헤어질 때의 작별 인사'이기 때문이다.

How are you? 안녕하십니까?

How are you?는 아는 사람들끼리 나누는 안부 인사로 '건강이 어떻습니까?' 또는 '어떻게 지내는지요?'라는 인사말이다. 대답은 보통 I'm fine, thank you.라고 한다. 이렇게 대답을 한 다음 'And (how are) you?'라고 자신에게 안부를 물은 상대방에게 다시 안부를 묻는 게 일반적이다. (and에 대해서는 17과 참고)

억양은 먼저 인사하는 사람은 are를 강조하여 말하고, 받아서 인사하는 사람은 '당신도 안녕하세요?' 하는 기분으로 you를 강조한다.

How do you do? 처음 뵙겠습니다.

이것은 처음 만난 사람끼리 주고받는 인사로 우리말로는 '안녕하세요?' 또는 '처음 뵙겠습니다'이다. How do you do?가 인사말이기는 하지만 처음 소개받는 사람들끼리만 쓴다는 것을 잊지 말자. (그들이 다시 만났을 때는 How do you do? 하지 않고 How are you?라고 인사한다.) 이때도 인사말 끝에 다정하고 친절하게 상대방의 이름을 덧붙이는 것이 영·미인들의 관습이다.

How do you do, *Mr. Smith*?

How do you do, *Jane*?

How do you do, Mary?

How do you do, Mr. Kim?

13. Good morning. How are you?

사람을 소개하는 방법
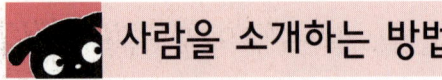

(1) A에게 B를 소개하려면, 먼저 A의 이름을 부르고 나서, B를 그에게 소개한다. 그리고 나서 다시 B에게 A를 소개한다. 이 경우 B는 A의 이름을 들어 이미 알고 있기 때문에 B에게 A를 소개하는 것은 생략되기도 한다.

> A, this is B. A씨, 이분은 B씨입니다.
> B, this is A. B씨, 이분은 A씨입니다.

(2) A와 B를 다같이 This is ~.(이분은 ~입니다.)로 각각 소개하는 방법이다. 이 경우 윗사람(여기서는 A)에게 B를 소개하고 나서 B에게 A를 소개하는 것이 예의다.

> 〈소개자가 먼저 A를 향하여〉
> This is B.
> 〈다음으로 B를 향하여〉
> This is A.

또 이 방법을 더 간략히 하여 This is를 생략하고 이름만 말할 수 있다. 단, 이 방법은 친구나 손아랫사람 등 허물없는 사이에서 할 수 있다.

> 〈소개자가 먼저 A를 향하고 한 손을 B쪽으로 내밀며〉
> B.
> 〈다음으로 B를 향하고 손은 A쪽으로 내밀며〉
> A.

위와 같은 방법으로 친구나 어른들을 영어로 소개하는 연습을 해보자.

Memory Box

발음과 억양

• 인사말의 억양

Good morning, Tom.   Good afternoon, Lucy.

Good-bye, Mrs. Green.   ※good-bye는 bye를 세게 발음한다.

How are you?   I'm fine, thank you.   How are you?

※두 번째 How are you?에 주의한다.

I'm fine, thank you.

How do you do, Mary?   How do you do, Mr. Park?

연습문제 Exercises

1 다음 글을 읽고 물음에 답하시오.

> Teacher : _____ⓐ_____ , boys and girls.
> Student : Good morning, Miss Park.
> Teacher : _____ⓑ_____ , Ki-ho?
> Ki-ho   : I'm fine, thank you. How are you?
> Teacher : _____ⓒ_____ .

(1) ⓐ에 알맞은 인사말을 고르시오.
① Good morning   ② Good afternoon
③ Good evening   ④ Good-bye

(2) ⓑ에 알맞은 인사말을 고르시오.
① Good morning   ② Good afternoon
③ How are you   ④ How do you do

(3) ⓒ에 알맞은 인사말을 쓰시오.
➡ _____

2 다음 빈칸에 알맞은 말을 써 넣으시오.

(1) ┌ _____ are you?
    └ I'm a student.

(2) ┌ _____ are you?
    └ I'm Ki-ho.

Hints

▶ (1)~(3)
boys[bɔiz] boy의 복수형
girls[gəːrlz] girl의 복수형

▶ (1)
evening[íːvniŋ] 저녁
Good evening 저녁 인사

▶ (2)
How are you?는 서로 알고 있는 사이에 하는 인사말
How do you do?는 처음 만나는 사람끼리 나누는 인사말

▶ (1)
사람의 직업을 묻는 의문사

▶ (2)
사람의 이름을 묻는 의문사

Exercises

(3) _____ are you?
    I'm fine, thank you.

(4) How do you do?
    _____

(5) _____ is he?
    He's my father.

(6) Who _____ she?
    She's my friend.

Hints

▶ (3) 아는 사이의 인사말

▶ (4) 처음 만나는 사람끼리 나누는 인사말

정답
1 (1) ① (2) ③ (3) I'm fine, too.
2 (1) What (2) Who (3) How (4) How do you do? (5) Who (6) is

These are ~. Those are ~.
14

기본예문

1. **This is a bicycle.**
   이것은 자전거입니다.

2. **These are bicycles.**
   이것들은 자전거입니다.

3. **That's a car.**
   저것은 자동차입니다.

4. **Those are cars.**
   저것들은 자동차입니다.

5. **This girl is her daughter.**
   이 소녀는 그녀의 딸입니다.

6. **These girls are her daughters.**
   이 소녀들은 그녀의 딸들입니다.

New words

these [ðiːz] 이것들
those [ðouz] 저것들
car [kɑːr] 자동차
daughter [dɔ́ːtər] 딸
toy [tɔi] 장난감
ball [bɔːl] 공
dish [diʃ] 접시, 음식
leaf [liːf] 나뭇잎
family [fǽmili] 가족
child [tʃaild] 어린이

 # These[those] are ~. 이것[저것]들은 ~입니다.

These는 this의 복수형으로 '이것들'이라는 뜻을, those는 that의 복수형으로 '저것들'의 뜻을 갖고 있다. this의 복수형 these와 that의 복수형 those 다음에 오는 '~이다'에는 항상 are를 쓴다.

these, those의 발음

these는 그 발음이 [ðiːz 디이즈]이니 this [ðis 디스]와 혼동하지 않도록 조심한다. 즉, these는 소리가 길며, 끝에 [z 즈]음이 나고, this는 소리가 짧고, [s 스]음이 난다.

단수와 복수

This	is	a pencil.
These 이것들은	are	pencils.

That	is	a book.
Those 저것들은	are	books.

복수임을 나타낼 때는 this → these, that → those로 고치고 따라오는 명사도 복수형으로 고쳐야 한다.

These are + 복수 명사. ➡ '이것들은 ~들이다.'
Those are + 복수 명사. ➡ '저것들은 ~들이다.'

These are my friends.
이들은 내 친구들이다.

Those are my brother's toy cars.
저것들은 내 남동생의 장난감 자동차들이다.

these, those는 '이것들' '저것들'처럼 지시대명사로도 쓰이지만 '이~' '저~'라는 의미의 '형용사'로도 쓰인다. this, that이 지시대명사와 지시형용사 2가지로 쓰이는 것과 같다.

This ball 이 공 — **these balls** 이 공들

that glove 저 글러브 — **those gloves** 저 글러브들

these +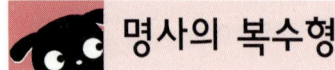
이

those +
저

명사의 복수형

(1) 명사 복수형의 규칙 변화로 단수형 어미에 -s를 붙인다.

eye ➡ eye<u>s</u> (눈)

arm ➡ arm<u>s</u> (팔)

hand ➡ hand<u>s</u> (손)

desk ➡ desk<u>s</u> (책상)

cap ➡ cap<u>s</u> (모자)

shoe ➡ shoe__s__ (구두)

bike ➡ bike__s__ (자전거)

(2) -s, -o, -x, -ch, -sh로 끝나는 어미에는 -es를 붙인다.

box ➡ box__es__ (상자)

dish ➡ dish__es__ (접시)

bus ➡ bus__es__ (버스)

bench ➡ bench__es__ (벤치)

sandwich ➡ sandwich__es__ (샌드위치)

※ 단 piano는 예외적으로 -s만 붙인다.

piano ➡ piano__s__

(3) -f, -fe로 끝나는 것은 f, fe를 v로 고치고 -es를 붙인다.

leaf ➡ lea__ves__ (나뭇잎)

knife ➡ kni__ves__ (칼)

loaf ➡ loa__ves__ (덩어리)

thief ➡ thie__ves__ (도둑)

life ➡ li__ves__ (생활)

(4) '자음+y'로 끝나는 단어는 y를 i로 바꾸고 -es를 붙인다. (단, '모음+y'는 그냥 -s를 붙인다 : boy ➡ boys)

lily ➡ lil__ies__ (백합)

lady ➡ lad__ies__ (숙녀)

dictionary ➡ dictionar__ies__ (사전)

candy ➡ cand__ies__ (사탕)

library ➡ libraries (도서관)
family ➡ families (가정)

(5) –s를 붙이지 않는 불규칙적인 변화를 하는 것이 있다.

man ➡ men (남자, 인간)
foot ➡ feet (발)
mouse ➡ mice (쥐)
child ➡ children (어린이)
woman ➡ women (여자)
tooth ➡ teeth (이빨)

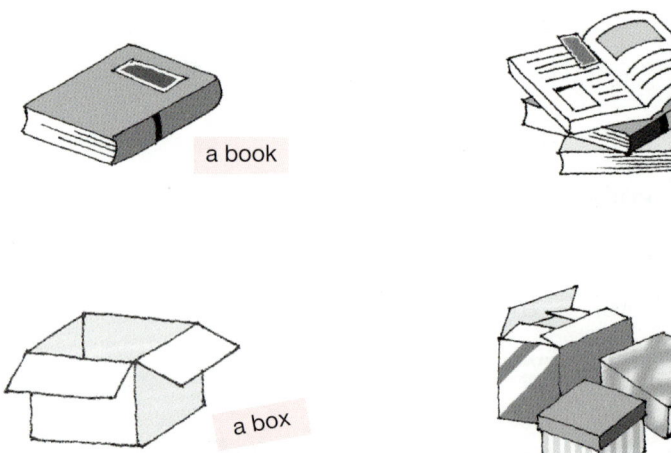

a book   books

a box   boxes

a knife   knives

 a lily

 lilies

 a man

 men

Memory Box

발음과 억양

- 어미의 -s, -es의 발음
  1. [s]로 발음하는 경우 — 어미가 [k] [t] [p] 따위의 숨만 나오는 음(무성음)일 때
     books[buks]   caps[kæps]
  2. [z]로 발음하는 경우 — 어미가 소리나는 음(유성음)일 때
     windows[windouz]   chairs[tʃɛərz]
  3. [iz]로 발음하는 경우 — 어미가 [s] [z] [ʃ] [tʃ] [dʒ]로 끝나는 단어
     classes[klǽsiz]   dishes[díʃiz]
  4. [ts] [dz]로 발음하는 경우 — 어미가 t 또는 d로 끝나는 단어
     cats[kæts]   beds[bedz] (ts, dz는 한 음으로 다룬다)

- these, those 문장의 억양

  These are apples.   Those women are her friends.

연습문제

1 밑줄 친 부분을 (   ) 안의 낱말로 바꾸어 쓰시오.

(1) That's an apple. (two)

　　_____ _____ two _____.

(2) This boy is a student. (four)

　　_____ _____ _____ four _____.

(3) This man is his friend. (are)

　　_____ _____ are _____ _____.

Hints

▶ (1)
an → two로 바뀌면 apple → apples로 바뀌어야 하며 따라서 주어 That과 동사 is도 각각 Those와 are로 바뀌어야 한다.

2 다음 낱말의 복수형을 쓰시오.

(1) bird　　➡　_____

(2) cup　　➡　_____

(3) king　　➡　_____

(4) bus　　➡　_____

(5) bench　➡　_____

(6) glass　　➡　_____

(7) monkey　➡　_____

(8) baby　　➡　_____

(9) radio　　➡　_____

▶ (1)~(12)
어미가 s, sh, ch, x로 끝날 때는 -es를 붙인다.
'자음+y'는 y를 i로 고치고 -es를 붙이나 '모음+y'는 그냥 s만 붙인다.
'자음+o'는 -es를 '모음+o'는 s를 붙이나 piano는 예외이다.
f나 fe로 끝나는 것은 v로 고치고 es를 붙이나 roof는 예외

Exercises

(10) piano → _____

(11) life → _____

(12) roof → _____

3 밑줄 친 부분의 발음이 나머지 셋과 다른 하나는?

(1) ① book<u>s</u> ② cat<u>s</u> ③ pen<u>s</u> ④ cup<u>s</u>

(2) ① box<u>es</u> ② dish<u>es</u> ③ glass<u>es</u> ④ knive<u>s</u>

(3) ① dog<u>s</u> ② window<u>s</u> ③ chair<u>s</u> ④ cap<u>s</u>

Hints

▶ (1)
[p, k, t, f] 다음의 s는 [s]로 발음한다.

▶ (2)
[s, z, ʃ, tʃ, dʒ] 다음의 es는 [iz]로 발음한다.

▶ (3)
어미의 발음이 유성음일 때 s는 [z]로 발음한다.

정답

1 (1) Those are, apples (2) These boys are, students (3) These men, his friends

2 (1) birds (2) cups (3) kings (4) buses (5) benches (6) glasses (7) monkeys (8) babies (9) radios (10) pianos (11) lives (12) roofs

3 (1) ③ (2) ④ (3) ④

14. These are ~. Those are ~.

15 Are these[those] ~?
They are ~.

기본예문

1 Are these roses?
이것들은 장미입니까?

- Yes, they are.
예, 그렇습니다.

2 Are those roses, too?
저것들도 장미입니까?

- No, they aren't. They are tulips.
아니오, 그렇지 않습니다. 튤립입니다.

3 What are those men?
저 남자들의 직업은 무엇입니까?

- They are postmen.
그들은 집배원들입니다.

New words

they[ðei] 그들은
rose[rouz] 장미
tulip[tjúːlip] 튤립
postman[póustmən] 집배원
watch[watʃ] 시계

flower[fláuər] 꽃
shoe[ʃuː] 구두
glass[glæs] 유리(잔)
football[fútbɔːl] 축구
player[pléiər] 경기자, 선수

Are these[those] ~?

These are ~와 Those are ~를 의문문으로 만들 때는 be 동사인 are와 These[Those]의 위치를 바꿔, are를 주어인 These[Those] 앞에 놓고 뒤에 물음표를 붙인다.

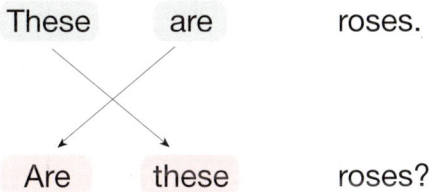

대답은 내용이 긍정이면 Yes, they are.로, 부정이면 No, they aren't.로 한다. (물음의 these[those]는 they로 바꾼다.) 이것은 this나 that을 it으로 받는 것과 같다.

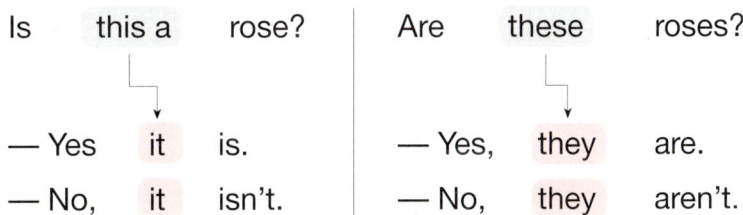

위에서 보듯이 대답의 경우 this/that → it으로, these/those → they로 바꾸어 말한다.

Is this[that] ~? ➡ ┌ Yes, it is.
                      └ No, it isn't.

Are these[those] ~? ➡ ┌ Yes, they are.
                         └ No, they aren't.

What are these[those]?

'이것[저것]들은 무엇입니까?'를 물을 때는 What을 문장 앞에 두고 그 뒤에 are these[those]?라는 의문형을 쓴다. 이때의 대답은 Are these[those] ~?에 대답할 때처럼 Yes나 No를 쓰지 않고 그냥 They are ~.로 받는다.

Are those tulips ?
↓
What are those ?
↓
They are ~.

What is this? × This is a watch.
　　　　　　　○ It is a watch.

What are these? × These are flowers.
　　　　　　　　○ They are flowers.

What are those? × Those are shoes.
　　　　　　　　○ They are shoes.

위에서처럼 What … ?로 물을 때뿐만 아니라 다음과 같이 두 번째로 말하는 경우에도 these, those → they로 바꾸어 말한다.

These are glasses.　　They are my father's glasses.
Those are rings.　　　They are my mother's rings.

they의 용법

they는 '물건'의 복수뿐만 아니라 '사람'이나 '동물'의 복수로도 쓰인다. 물건의 경우는 '그것들은', 사람의 경우는 '그들은'의 뜻이 된다.

these cars ➡ they those girls ➡ they

인칭대명사(주격)

3인칭 단수	3인칭 복수
he (그는) she (그녀는) it (그것은)	they (그들은) ➡ 인칭대명사의 복수

they의 현재형 be 동사는 언제나 are이다.

복수에는 다같이 are

They | are | football players.
They | are | pop artists.
They | are | cats.
They | are | flowers.

They are + 복수명사 : '그(것)들은 ~들이다'

he (그 남자) + he (그 남자) = they (그들 — 남자 2인)
she (그 여자) + she (그 여자) = they (그들 — 여자 2인)
he (그 남자) + she (그 여자) = they (그들 — 남녀 각 1인)

이들을 모두 합쳐도 → they
(남자 3인, 여자 3인)

Memory Box

발음과 억양

- these, those의 발음
  this, that과 마찬가지로 th는 혀끝을 살짝 물고 [드]로 발음한다.

  these three brothers [ðiːz θriː brʌðərz]

  Are these roses?   Yes, they are.   No, they aren't.
  What are those?   They are lilies.

연습문제　　　　　　　　　　Exercises

1　빈 칸에 알맞은 낱말을 넣어 대화를 완성하시오.

(1) Are these bats?
　　No, _____ _____. _____ are gloves.

(2) Are those caps or hats?
　　_____ _____ hats.

(3) What are those women?
　　_____ _____ housewives.

Hints

▶ (1)
Are these ~?로 물으면 Yes, No와 they~로 답한다.

▶ (2)
or가 있는 선택의문문은 Yes, No로 답하지 않는다.

▶ (3)
의문사 what은 직업을 묻는 것이다.
housewife[háuswàif]
주부

2　다음 대화를 읽고 물음에 답하시오.

A : What's this?
B : It's a ⓐ_____.
A : What's that? ⓑ Is it a gloves?
B : No, it's a ball.
A : What are those?
B : ⓒ_____ are ⓓ_____.

(1) 밑줄 친 ⓐ에 들어갈 수 있는 것은?
　① bats　　　　② bench
　③ pens　　　　④ nets

(2) 밑줄 친 ⓑ에서 잘못된 낱말을 고쳐 쓰시오.
　➡ _____

▶ (1)~(2)
관사 a 다음에는 단수 명사가 온다.

Exercises

(3) ⓒ, ⓓ의 빈 칸에 들어갈 낱말이 맞게 짝지어진 것은?

① They — bats   ② It — bat
③ They — bat   ④ It — bats

Hints

▶ (3)
동사가 are일 때는 주어와 are 다음에 오는 낱말이 모두 복수형이 되어야 한다.

3 다음 그림을 보고 물음에 답하시오.

(1) What is this?
　　It's_____.

(2) What is that?
　　It's_____.

정답

1 (1) they aren't, They   (2) They are   (3) They are
2 (1) ②   (2) gloves → glove   (3) ①
3 (1) a chicken   (2) a cat

16 The house is old.

기본예문

1 This is an old house.
   이것은 오래된 집입니다.

2 The house is old.
   그 집은 오래되었습니다.

3 These are big trees.
   이것들은 큰 나무들입니다.

4 The trees are big.
   그 나무들은 큽니다.

New words

house [haus] 집
green [gri:n] 초록색(의)
small [smɔ:l] 작은
elephant [élifənt] 코끼리
red [red] 빨간(색)
wall [wɔ:l] 벽
brown [braun] 갈색(의)
large [lɑ:rdʒ] 큰
new [nju:] 새로운
beautiful [bjútifəl] 아름다운

the의 용법

정관사 the는 앞에서 한 번 화제가 되었던 명사를 가리킬 때 그 언급된 명사 앞에 '그 ~ '의 뜻으로 쓴다.

예를 들면 This is a book.이라고 말한 뒤, 계속해서 그 책에 대해서 말을 할 때는 a book이라고 하지 않고 the book이라고 바꿔 말한다.

- a + 명사
- the + 명사

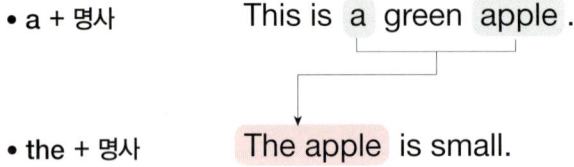

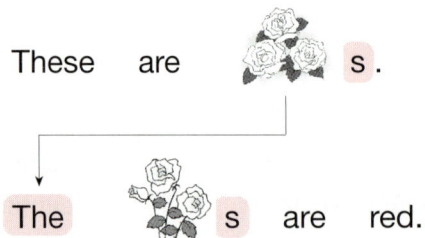

부정관사와 정관사

수십만 개의 영어 낱말 가운데 '관사'는 a와 the 단 두 개밖에 없고, 이것을 다시 a는 '부정관사', the는 '정관사'라고 한다.

a는 처음 나오는 명사 앞에 붙이고, the는 두 번째 나올 때 붙인다.

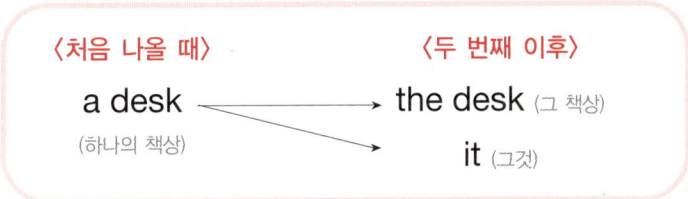

This is a room. 이것은 방이다.

There is a desk in the room. 그 방 안에 책상이 하나 있다.

This is a room. 이것은 방이다.

There is a desk in it. 그 안에 책상이 있다.

This is a room. 이것은 방이다.

The room is mine. 그 방은 내 것이다.

16. The house is old. **117**

참고

처음 나오는 명사라 하더라도 서로 알고 있거나, 문장의 전후 관계상 명백히 알 수 있는 경우에는 정관사 the를 사용한다.

This is my school. 이것은 나의 학교이다.
The wall is brown. 그 벽[내 학교의 벽]은 갈색이다.

the는 보통 [ðə]로 발음하지만, 다음에 오는 단어의 첫머리가 모음일 때에는 [ði]로 발음한다.

the[ðə] book 〈자음〉
the[ðə] desk 〈자음〉
the[ði] album 〈모음〉
the[ði] apple 〈모음〉

big, old(형용사) 등의 용법

big, old, little, young 처럼 사람이나 사물의 성질과 모양을 나타내는 말을 '형용사'라고 한다. 영어에서 형용사의 용법에는 다음과 같은 두 가지가 있다.

(1) 한정적 용법

'이것은 큰 학교이다'와 같은 용법을 '한정적 용법'이라고 하는데, '형용사+명사'의 형태로 형용사가 뒤의 명사를 꾸며 주는 경우로 'a [an]+형용사+명사'의 어순이 된다.
우리말은 '큰 학교' '늙은 여자' '작은 의자' 등에서 보듯이 형용사가 '크다 → 큰' 등으로 어미에 변화가 있지만, 영어에서는 아무 변화 없이 형용사가 명사 앞에 그대로 놓인다.

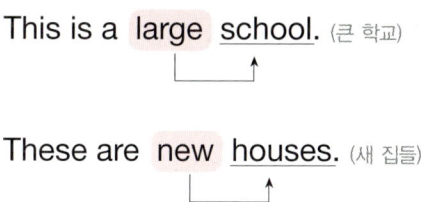

(2) 서술적 용법

'이 학교는 크다'에서처럼 크다라는 형용사를 학교 뒤에 놓아 설명적으로, 즉 '서술적'으로 썼다 하여 '서술적 용법'이라 하는데, 형용사가 동사와 결합하여 '~하다'로 해석되는 경우로 주어를 설명하며 '주어+is[are]+형용사'의 어순이 된다.
우리말은 '크다' '작다' '젊다'처럼 '~다'가 붙는데 영어에서는 is large, are large처럼 형용사는 그대로 있고 be 동사가 형용사 앞에 붙는다.

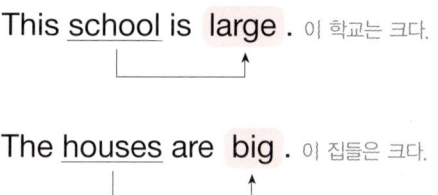

(3) 형용사의 위치

		형용사	명사	
한정적 용법	This is a	new	hat	
서술적 용법	This hat is	new		
한정적 용법	Those are	old	men	
서술적 용법	Those men are	old		

This is a *new* computer. 〈한정적〉

This computer is *new*. 〈서술적〉

These are *beautiful* roses. 〈한정적〉

These roses are *beautiful*. 〈서술적〉

서술적 용법에서는 형용사로 문장이 끝나므로 명사 앞에 붙는 a[an]을 쓰지 않는다.

This school is a big. (×)　　This school is big. (O)

Memory Box

발음과 억양

• 형용사가 있는 문장의 억양

　　This is an old lemon.　　　The lemon is old.

　　※ 형용사는 명사와 마찬가지로 강하게 발음한다.

• '형용사+명사'의 리듬

　　□■■ a big bag, an old pen　　■■ new friends

　　□■□■ a pretty rose, a little dog

연습문제

1 다음 문장을 보기와 같이 서로 바꾸시오.

> 보기 This is a long pencil.
> ↔ This pencil is long.

(1) That is an old car.
  ➡ That _____

(2) This is a pretty flower.
  ➡ This _____

(3) These are good tennis players.
  ➡ These _____

(4) That building is tall.
  ➡ That _____

(5) This story is interesting.
  ➡ This _____

(6) Those teachers are very kind.
  ➡ Those _____

Hints

▶ (1)~(6)
형용사의 한정적 용법은 서술적 용법으로, 서술적 용법은 한정적 용법으로 고치는 문제이다.
long[lɔŋ] 긴
pretty[príti] 예쁜, 귀여운
flower[fláuər] 꽃
tennis[ténis] 테니스
player[pléiər] 운동선수
building[bíldiŋ] 건물, 빌딩
tall[tɔːl] 키가 큰, 높은
story[stɔ́ːri] 이야기
interesting[íntəristiŋ] 재미있는, 흥미있는
very[véri] 매우, 대단히
kind[kaind] 친절한

Exercises

2 밑줄 친 낱말의 반의어를 빈칸에 써 넣으시오.

(1) This is a <u>long</u> belt.

　　This is a _____ belt.

(2) That food is <u>bad</u>.

　　That food is _____.

Hints

▶ (2)
bad[bæd] 나쁜

(3) That wall is <u>black</u>.

　　That wall is _____.

▶ (3)
black[blæk] 검은

정답

1 (1) (That) car is old.　(2) (This) flower is pretty.
(3) (These) tennis players are good.　(4) (That) is a tall building.
(5) (This) is an interesting story.　(6) (Those) are very kind teachers.

2 (1) short　(2) good　(3) white

17. We are ~. They are ~.

기본예문

1. **We are baseball players.**
   우리는 야구 선수들이다.

2. **That man is our coach.**
   저 남자는 우리 코치이다.

3. **They are Jim and Ed.**
   그들은 짐과 에드이다.

4. **Mr. King is their father.**
   킹 씨는 그들의 아버지이다.

New words

we [wi:] 우리는
baseball [béisbɔ:l] 야구
our [áuər] 우리의
coach [koutʃ] 코치

and [ænd] 그리고, ~과
their [ðɛər] 그들의
chair [tʃɛər] 의자

We[They] are ~. 우리는[그들은] ~입니다.

1인칭 단수 I(나는)의 복수형은 We(우리는)가 된다. We 다음의 '~입니다'는 are를 쓴다. We가 복수형이기 때문에 뒤에 오는 명사도 반드시 복수형이 되어야 한다.
또 3인칭 he(그는), she(그녀는), it(그것은)의 복수형은 they(그들은)가 된다. they는 남자, 여자, 물건 어느 것에나 쓴다.

I am의 복수형은 ➡ We are ~.
He[She, It] is의 복수형은 ➡ They are ~.

단 수			복 수		
I	am	a student.	We	are	students.
You	are	a teacher.	You	are	teachers.
He/She	is	a doctor.	They	are	doctors.

↓ (단수에는 인칭에 따라 다르다)   ↓ (복수에는 다같이 are)

our, their에 대하여

our는 '우리의'라는 뜻으로 바로 뒤에 반드시 명사가 온다. their는 '그들의, 그녀들의'라는 뜻인데 his(그의), her(그녀의), its(그것의)의 복수형이다.

주격		소유격
We(우리는)	➡	our(우리의)
they(그들은)	➡	their(그들의)

소유격 변화

~은	~의	~은	~의
I	my	We	our
he	his	they	their
she	her		

and의 용법

and는 '~과 ~'처럼 2개의 명사[대명사]를 연결할 때나 '그리고'처럼 문장과 문장을 이어 주는 역할을 할 때 쓴다. and로 이어진 단어가 주어일 때는 복수가 되므로 동사는 are다.

(1) and가 '와/과'로 명사와 명사를 이어줄 때

a desk *and* a chair 책상과 의자
desks *and* chairs 책상들과 의자들

(2) and가 '그리고'로 문장과 문장을 이어줄 때

문장 + and + 문장

This is a desk *and* that is a chair.

Ki-ho is a student.

Ki-ho and Min-ho are students.

Memory Box

발음과 억양

• We are ~. They are ~.의 억양

We are students.   They are teachers.
That woman is our teacher.   Mr. Green is their father.

• ~ and ~이 있는 문장의 억양

They are Tom and Dick.   Mary and Alice are sisters.

※ our, their, and는 약하게 발음한다.

연습문제

1 다음 ( ) 안의 지시대로 고쳐 쓰시오.

(1) I am an English boy. (I를 You and I로)
→ You and I _____.

(2) He is an American student. (He를 They로)
→ They _____.

(3) This box is red. (box를 복수형으로)
→ _____ boxes _____.

(4) Is that a small camera? (that을 복수형으로)
→ _____ those _____?

Hints

▶ (1)~(4)
주어가 단수에서 복수로 바뀌면 그에 따른 동사와 명사도 바뀐다.
English [íŋgliʃ] 영어의, 영국인의
American [əmérikən] 미국의
small [smɔːl] 작은

2 다음 영어를 우리말과 같게 빈칸을 완성하시오.

(1) 탐과 나는 형제입니다.
Tom _____ I _____ brothers.

(2) 김씨 부부는 기호의 부모님이다.
Mr. _____ Mrs. Kim _____ Ki-ho's parents.

(3) 너희들은 기호의 친구니?
  – 아니오, 그렇지 않습니다.
Are you Ki-ho's friends?
  – No, _____ _____.

▶ (2)
parents [pɛ́ərənts] 양친, 부모

Exercises

3 틀린 곳을 맞게 고쳐 쓰시오.

(1) These are not babys.

→ _____

(2) That men is my father.

→ _____

(3) That girls are good students.

→ _____

정답

1 (1) are English boys   (2) are American students   (3) These, are red   (4) Are, small cameras
2 (1) and, are   (2) and, are   (3) we aren't
3 (1) These are not babies.   (2) That man is my father.   (3) Those girls are good students.

You and I are brothers.
18

기본예문

1. **You and Jane are sisters.**
   너와 제인은 자매이다.

2. **You are Mary's friends.**
   너희는 메리의 친구들이다.

3. **Is Miss Park your teacher?**
   박선생님은 너희 선생님이냐?

   - **Yes, she is.**
     예, 그렇습니다.

4. **She is our teacher.**
   그녀는 우리의 선생님입니다.

New words

math [mæθ] 수학. mathematics의 생략형
fashion [fǽʃən] 유행, 의복
designer [dizáinər] 디자이너
programmer [próugræmər] 프로그램 작성자
parent [pɛ́ərənt] 부모
cup [kʌp] 컵

18. You and I are brothers.

2인칭 복수 you

2인칭 단수와 복수는 you로 똑같은 모양이다. 즉 단수 '당신은'과 복수 '당신들은'은 똑같이 you를 쓴다. 따라서 문맥을 잘 살펴 단수인지 복수인지 구별해야 한다. 복수인 Are you ~?에 대해서는 We로 대답한다.

Are you math teachers?

Yes, we are.

Are you baseball players?

No, we aren't. We are football players.

단수·복수의 구별

You are a fashion designer. 〈단수〉
You are fashion designers. 〈복수〉

You are a computer programmer. 〈단수〉
You are computer programmers. 〈복수〉

인칭대명사(주격)

	단수(하나)	복수(둘 이상)
1인칭	I (나는)	we (우리는)
2인칭	you (당신은)	you (당신들은)
3인칭	he (그는) she (그녀는) it (그것은)	they (그들은)

you의 소유격 your '당신들의'의 용법

you가 단수의 의미와 복수의 의미로 동시에 사용되고 있듯이 소유격인 your 또한 단수의 의미인 '당신의'와 복수의 의미인 '당신들의'의 두 가지 뜻을 동시에 갖고 있다. you의 경우에는 그 뒤에 오는 명사의 수에 따라 단수인지 복수인지를 구분했으나 your의 경우는 그 뒤에 오는 명사의 단수, 복수에 의해서 구별할 수 없는 경우도 있다.

your가 단수로 쓰인 예	your가 복수로 쓰인 예
(당신의) Is she your mother? Yes, she is my mother.	(당신들의) Is she your teacher? Yes, she is our teacher.

18. You and I are brothers.

인칭대명사(소유격)

	단수(하나)	복수(둘 이상)
1인칭	my (나의)	our (우리의)
2인칭	your (당신의)	your (당신들의)
3인칭	his (그의) her (그녀의) its (그것의)	their (그들의)

대명사의 소유격 복수

my parents ➡ *our* parents
his cup ➡ *their* cups
your friend ➡ *your* friends

This is A desk.
MY desk.
YOUR desk.
(THAT is) HIS desk.
HER desk.

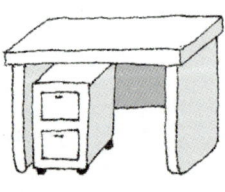

THESE are desks.
OUR desks.
YOUR desks.
(THOSE are)
THEIR desks.

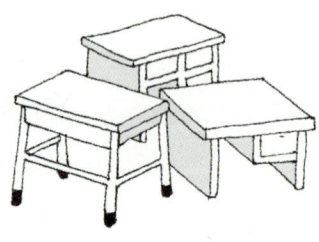

~ and ~

and로 결합된 고유명사와 인칭 대명사는 다음과 같이 나타낼 수 있다.

Tom and Dick, Mary and Mike ➡ they
Tom and I, you and I ➡ we
You and Tom, you and Alice ➡ you(당신들)

'나와 ~'는 ~ and I라고 한다.

- 우리말   나와 탐 / 나와 너
- 영어   Tom and I(탐과 나) / You and I(당신과 나)

셀 수 있는 명사 앞에 붙는 관사 a [an] 는 소유격과 함께 쓰지 못한다.

She is *an our* teacher.   ✕
She is *our* a teacher.   ✕
She is *our* teacher.   ○

> father와 sister에는 '아버지' '자매' 이외의 뜻이 있다. 교회에서 our Father하면 '우리 하나님 아버지'가 되고, Father Brown 하면 '브라운 신부님'이 된다. 또 sister에는 '수녀'라는 뜻이 있어서 Sister Jane 하면 '제인 수녀'가 된다.

Memory Box

발음과 억양

- You are ~. You and Mary are ~.의 억양

    You are brothers.　　　You and Mary are sisters.
    Is Miss Green your teacher?
    Yes, she is. She is our teacher.

연습문제

1 밑줄 친 부분을 한 낱말로 나타내시오.

(1) <u>Tom and I</u> are tennis players.
　　_____ are tennis players.

(2) <u>You and Brown</u> are English teachers.
　　_____ are English teachers.

(3) <u>Ki-sun and Mary</u> are good friends.
　　_____ are good friends.

(4) <u>Tom, Jane and</u> I are good students.
　　_____ are good students.

(5) <u>You and Mr. Smith</u> are policemen.
　　_____ are policemen.

Hints

▶ (1)~(5)
'~and I'는 we로 받는다.
'You and ~'는 you로 받는다.
'~ and ~'는 they로 받는다.

2 다음 물음에 대한 대답을 보기에서 골라 답하시오.

보기　① We are students.　② They are Mike and Alice.
　　　③ We are Tom and Judy.　④ No, we aren't.
　　　⑤ They are teachers.　⑥ No, they aren't.

(1) Who are you?　(　　)

(2) What are you?　(　　)

▶ (1)~(5)
you는 단수, 복수형이 같은 모양이다.
who, what으로 시작되는 의문문은 Yes, no로 답하지 않는다.

Exercises

(3) Who are they?   (   )

(4) What are they?   (   )

(5) Are you students?   (   )

3 우리말에 알맞은 영어를 완성하시오.

(1) 저 신사들은 의사입니까 아니면 선생님입니까?
   _____ _____ gentlemen _____ or _____ ?

(2) 그들은 선생님들입니다.
   They _____ _____ .

Hints

▶ (1)
gentleman
[dʒéntlmən] 신사

정답

1 (1) We (2) You (3) They (4) We (5) You
2 (1) ③ (2) ① (3) ② (4) ⑤ (5) ④
3 (1) Are those doctors, teachers (2) are teachers

Whose ball is this?
19

기본예문

1 Whose ball is this?
이것은 누구의 공입니까?

- It's my ball.
내 공입니다.

2 Whose bats are these?
이것들은 누구의 배트입니까?

- They are my brother's bats.
내 형[동생]의 배트입니다.

New words

whose [huːz] 누구의
bat [bæt] 방망이
doll [dɑl] 인형

album [ǽlbəm] 앨범
camera [kǽmərə] 카메라
tape [teip] 테이프

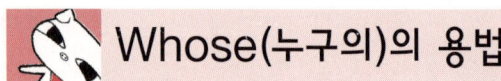

Whose(누구의)의 용법

Whose는 '누구의'라는 뜻인데 의문사로서, who의 소유격에 해당한다. '누구의 ~?'로서 소유주가 누구인지를 물을 때 사용하고, 대답은 '소유격+명사'로 한다.

(1) Whose의 두 가지 쓰임

의문형용사

Whose + 명사 ➡ 반드시 명사(단수·복수)가 온다.

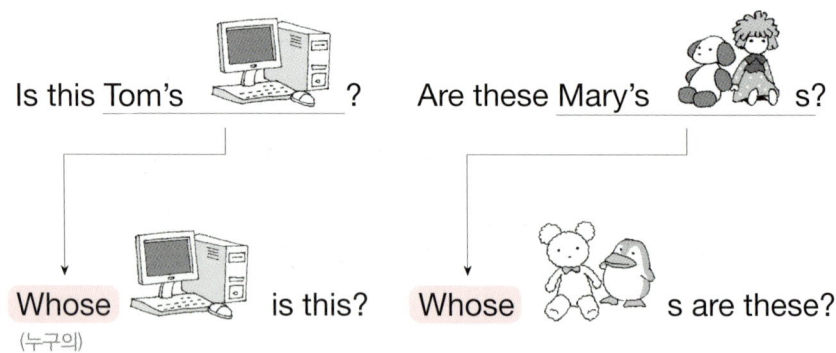

의문대명사

단독으로 쓰인다. Whose가 의문사이므로 단수이면 is this[that, it]?, 복수이면 are these[those, they]?로 쓴다. 즉 명사를 동반하지 않고 쓰이면 '누구의 것'이란 뜻이며 대답도 '소유대명사'를 써야 한다.

Whose is this car? 이 차는 누구의 것이니?
Whose are these shoes? 이 구두는 누구의 것이니?
Whose is that album? 저 앨범은 누구의 것이니?
It's mine. 그것은 나의 것이다.

(2) Whose ~?의 대답

Whose ~?에 대한 대답에는 Yes나 No를 쓰지 않는다.

단수일 때

It's+소유격+명사형이 된다.

> *Whose camera* is this? ➡ *It's my camera.*

복수일 때

They are+소유격+명사의 형태를 취한다.

> *Whose tapes* are they? ➡ *They are Dick's tapes.*

소유격 '~의'의 정리

Whose ~?의 물음에는 반드시 '~의'라는 말을 써서 대답해야 한다. 대명사인 경우는 그 변화를 기억하고(my, your, his, her, its) 명사인 경우는 ['s]를 붙여 소유격을 나타내면 된다. '탐과 메리의'라고 공동의 소유격을 나타내고자 할 때에는 뒤쪽에만 's를 붙여서 Tom and Mary's로 하면 된다.

> This is *Tom and Mary's* book. 〈공동 소유〉
> 이것은 탐과 메리의 책이다.

> These are *Tom's and Mary's* books. 〈개별 소유〉
> 이것들은 탐의 책과 그리고 메리의 책이다.

인칭대명사의 격변화

단 수		복 수	
~은(주격)	~의(소유격)	~은(주격)	~의(소유격)
I	my	we	our
you	your	you	your
he she it	his her its	they	their
Tom Mary	Tom's Mary's	Tom and Mary	Tom and Mary's

Memory Box

발음과 억양

- Whose ~?의 억양

  Whose book is this?   It's my book.
  Whose pens are these?   They are my sister's pens.

※ Whose ~?에 대답하는 글은 '~의'의 부분을 특히 강하게 발음한다.

연습문제

Exercises

1 빈칸에 알맞은 낱말을 넣어 대화를 완성하시오.

(1) A : What is this?
　　B : _____ is a bicycle.

(2) A : _____ car is that?
　　B : It's my car.

(3) A : Is this a ball _____ a bat?
　　B : It's a bat.

(4) A : _____ is that?
　　B : It's an egg.

Hints

▶ (1)
What is ~?의 대답은 It ~.로 답한다.
bicycle[báisikəl] 자전거

▶ (4)
egg[eg] 달걀

2 다음 물음에 알맞은 대답을 고르시오.

(1) Whose dog is this?
　① It's Tom.　　② Yes, it's Tom's.
　③ It's Tom's dog.　　④ No, it isn't.

(2) Whose rackets are those?
　① They are Judy's rackets.
　② They are Judy's racket.
　③ Those are Judy's rackets.
　④ Those are Judy and Mary's racket.

▶ (1)~(2)
Whose로 시작하는 의문문은 소유격으로 대답한다.
racket[rǽkit] 라켓

19. Whose ball is this? **141**

Exercises

(3) Who are those men?
① Those are students.
② They are my brothers.
③ Those are my friends.
④ They are science teachers.

Hints

▶ (3)
who는 사람의 이름이나 관계를 묻는다.

3 B의 대답 중 가장 강하게 읽어야 할 낱말은?

A : Whose bicycle is this?
B : It is Mary's bicycle.

① It　　② is　　③ Mary's　　④ bicycle

정답
1 (1) It　(2) Whose　(3) or　(4) What
2 (1) ③　(2) ①　(3) ②
3 ③

This bag is mine.
20

기본예문

1 **Whose room is this?**
이것은 누구의 방입니까?

  - **It's mine.**
  내 것입니다.

2 **Are those dolls yours?**
저 인형들은 당신의 것입니까?

  - **Yes, they are. They are mine.**
  예, 그렇습니다. 내 것입니다.

New words

mine[main] 나의 것
yours[juərz] 당신(들)의 것
bed[bed] 침대
backpack[bǽkpæ̀k] 배낭
T-shirt[tíːʃəːrt] 티셔츠
jacket[dʒǽkit] 재킷

mine, yours

mine은 '나의 것'이란 뜻인데 'my+명사'를 한 단어로 나타낸 것이다. 이것을 '소유대명사'라고 한다. 우리말에서는 '나의 것'처럼 소유격 '나의'에 '것'만 덧붙이면 되지만 영어에서는 소유격과 별도의 낱말인 mine을 쓴다.

'소유대명사' = 〈소유격+명사〉의 대신으로 쓰인다.

It's *my bed*. ➡ It's *mine*.

위의 예와 같이 my 다음에는 반드시 명사를 썼지만, mine 뒤에는 명사가 필요없다.

This is my 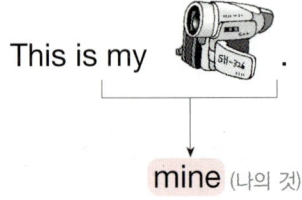 .

mine (나의 것)

앞 과에서 배운 Whose ~?에 'my+명사'로 대답해도 되고 mine으로 대답해도 된다.

Whose backpack is this?　It's *my backpack*.
　　　　　　　　　　　　It's *mine*.

yours도 소유대명사로 '당신(들)의 것'이라는 뜻인데, mine과 마찬가지로 독립적으로 사용되며, 그 뒤에 명사를 두지 않는다. mine이나 yours는 독립적으로 쓸 수 있으므로 독립소유격이라고도 한다.

Are these your 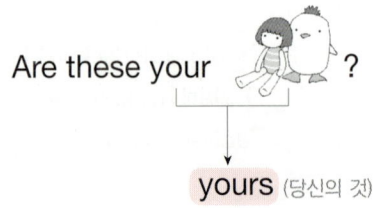 ?

yours (당신의 것)

That is *your doll*. 저것은 너의 인형이다.

➡ That is *yours*. 저것은 너의 것이다.

소유대명사는 한 개의 물건을 가리킬 수도 있고 두 개 이상의 물건을 가리킬 수도 있다.

〈단수〉 This is a T-shirt. It's mine. (a T-shirt = mine)
〈복수〉 These are pencils. They're mine. (pencils = mine)

소유격과 소유대명사

	단수		복수	
	소유격	소유대명사	소유격	소유대명사
1인칭	my (나의)	mine (나의 것)	our (우리의)	ours (우리의 것)
2인칭	your (너의)	yours (너의 것)	your (너희의)	yours (너희의 것)

문답 속의 mine과 yours

'이 책은 당신 것입니까?' — '예, 내 것입니다.'라는 문답에서는 yours와 mine이 번갈아 사용된다. 이것은 your ↔ my의 관계와 똑같다.

Is this watch yours?

Yes, it is.

It's mine.

Is this jacket mine?

Yes, it is.

It's yours.

Memory Box

발음과 억양

- mine, yours가 있는 문장의 억양

   Whose bag is this?   It's mine.
   Are those dolls yours?   Yes, they are.   They are mine.

연습문제 Exercises

1 다음 문장을 보기와 같이 고치시오.

> 보기 This is your shirt. ➡ This shirt is yours.

(1) This is her handkerchief.
   This _____.

(2) That is my notebook.
   That _____.

(3) These are his basketballs.
   These _____.

(4) Those are our chairs.
   Those _____.

(5) Whose piano is this?
   Whose _____?

Hints

▶ (1)~(5)
'소유격+명사'는 소유대명사로 바꿔 쓸 수 있는데 이때 명사를 없애서는 안 된다.
basketball[bǽskitbɔ̀ːl] 농구공
chair[tʃɛər] 의자

2 다음 빈칸에 알맞은 것을 고르시오.

(1) That's _____ box.
   ① my   ② mine
   ③ yours   ④ hers

▶ (1)
소유격+명사
box[bɑks] 상자
hers[həːrz] 그녀의 것

Exercises

(2) This dictionary is _____.
  ① my   ② me
  ③ his   ④ he

(3) Are those _____?
  ① her   ② my
  ③ yours   ④ your

(4) Are these dolls hers?
  - Yes, they are _____.
  ① mine   ② yours
  ③ his   ④ hers

Hints

▶ (2)~(4)
소유대명사
dictionary [díkʃənèri]
사전

정답

1 (1) (This) handkerchief is hers
 (2) (That) notebook is mine
 (3) (These) basketballs are his
 (4) (Those) chairs are ours
 (5) (Whose) is this piano
2 (1) ① (2) ② (3) ③ (4) ④

21 Whose is this bat?

기본예문

1. **Whose is this bat?**
   이 배트는 누구의 것입니까?

   - It's Tom's.
   탐의 것입니다.

2. **Is that glove your brother's?**
   저 글러브는 당신 형[동생]의 것입니까?

   - Yes, it is. It's his.
   예, 그렇습니다. 그의 것입니다.

3. **Is this racket his sister's?**
   이 라켓은 그의 누이 것입니까?

   - No, it isn't hers.
   아니오, 그녀의 것이 아닙니다.

New words

motorcycle [móutərsàikl] 오토바이
tie [tai] 넥타이
sneakers [sníːkərz] 운동화
ring [riŋ] 반지
letter [létər] 편지
dress [dres] 드레스

 Whose의 두 가지 용법

앞에서 Whose에 두 가지 용법이 있다고 배웠다. 다시 한 번 Whose의 쓰임을 명확히 이해해 보자.

- Whose + 명사 ~? ➡ '누구의 ~' 〈의문형용사〉
- Whose is[are] ~? ➡ '누구의 것' 〈의문대명사〉

Whose motorcycle is this?
이것은 누구의 오토바이입니까?

Whose is this motorcycle?
이 오토바이는 누구의 것입니까?

Whose의 용법

형용사적 용법	Whose 누구의		is	this?
대명사적 용법	Whose 누구의 것		is	this ?

 소유대명사 his에 대하여

he의 '소유격'(그의)과 '소유대명사'(그의 것)는 둘 다 his이다. his가 '소유격'인지 '소유대명사'인지 확인하려면 whose와 마찬가지로 바로 뒤에 명사가 있는지, 없는지로 분간하면 된다.

This is his   . 그의 — 〈소유격〉

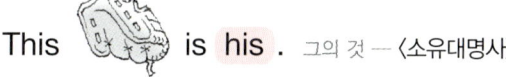

This   is his . 그의 것 — 〈소유대명사〉

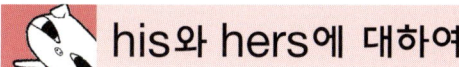 his와 hers에 대하여

'그녀의 것'은 her(그녀의)에 s를 붙여서 만든다. hers도 독립적으로 사용되므로 그 뒤에 명사를 두면 안 된다.

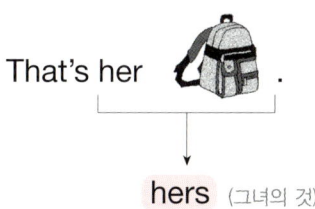

That's her   .
↓
hers (그녀의 것)

주격	소유격	소유대명사
he	his (그의)	his (그의 것)
she	her (그녀의)	hers (그녀의 것)

his와 hers도 mine/yours처럼 단수, 복수를 다 가리킬 수 있다.

〈단수〉 This is *a tie*. It's *his*. (a tie = his)
〈복수〉 These are *sneakears*. They're *his*. (sneakers = his)
〈단수〉 This is *a ring*. It's *hers*. (a ring = hers)
〈복수〉 These are *letters*. They're *hers*. (letters = hers)

 's의 두 가지 용법

Tom's나 Ki-ho's에도 두 가지 용법이 있다. 바로 뒤에 명사가 오면 '탐의', '기호의'라는 소유격이 되고, 독립적으로 사용되는 경우에는 '탐의 것', '기호의 것'이 된다.

This is *Tom's computer*. 〈소유격〉
이것은 탐의 컴퓨터다.

This computer is *Tom's*. 〈소유대명사〉
이 컴퓨터는 탐의 것이다.

Tom's computer   Alice's dress
↓   ↓
Tom's   Alice's
↓   ↓
his   hers

Memory Box

발음과 억양

- Whose, his, hers 따위가 있는 문장의 억양

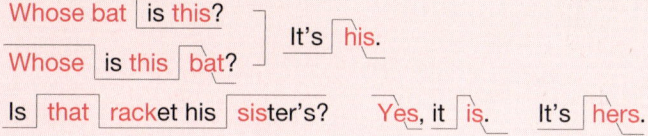

- 's의 발음
  바로 앞의 음이 무성음일 때는 [s], 유성음일 때는 [z]

       Dick's [diks]   Mike's [maiks]
       Tom's [tɑmz]   Brown's [braunz]

  [s], [z], [tʃ], [dʒ] 음 뒤의 's는 [iz]

       Alice's [ǽlisiz]   Rose's [róuziz]

21. Whose is this bat?

연습문제 Exercises

1 빈칸에 알맞은 대명사를 넣어 대화를 완성하시오.

(1) Is that Mary's piano? Yes, it's _____.

(2) Is this guitar Ki-ho's? No, it isn't _____.

(3) ┌ Are these your father's newspapers?
    └ Yes, _____ are _____.

(4) ┌ Are those your mother's dishes?
    └ No, _____ aren't _____.

> **Hints**
>
> ▶ (1)~(4)
> '명사의 소유격+명사'를 독립소유격으로 답하기
> newspaper [njúːzpèipər] 신문
> dish [diʃ] 그릇

2 두 문장이 같은 뜻이 되도록 빈칸을 완성하시오.

(1) ┌ These are his books.
    └ _____ _____ are _____.

(2) ┌ Is that her bed?
    └ Is_____ _____ _____?

(3) ┌ Whose watch is this?
    └ _____ _____ _____ watch?

(4) ┌ Are those their music books?
    └ Are those _____ _____ _____?

> ▶ (1)~(4)
> '주어+동사+소유격+명사'의 어순은 '주어(대명사의 형용사 역할)+명사+동사+독립소유격'으로 바꾸어도 같은 뜻을 나타낸다.
> bed [bed] 침대
> watch [watʃ] 시계
> music [mjúːzik] 음악

Exercises

(5) ┌ Are these knives Ki-ho's?
    └ _____ _____ _____ knives?

(6) ┌ This is our shop.
    └ _____ _____ is _____.

Hints

▶ (5)~(6)
knives [naivz]
  knife(칼)의 복수
shop [ʃɑp] 가게, 상점

정답

1 (1) hers (2) his (3) they, his (4) they, hers
2 (1) These books, his (2) that bed hers (3) Whose is this
(4) music books theirs (5) Are these Ki-ho's (6) This shop, ours

22 That dictionary is theirs.

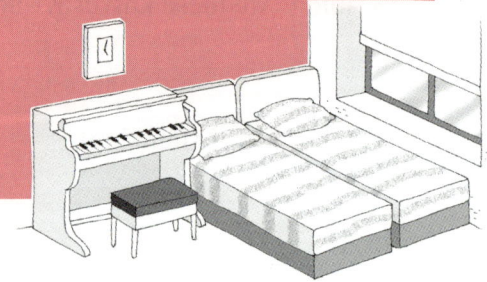

기본예문

1 Is this room yours?
이 방은 당신들의 것입니까?

  - Yes, it's ours.
  예, 우리의 것입니다.

2 Is that piano theirs?
저 피아노는 그들의 것입니까?

  - No, it isn't theirs.
  아뇨, 그들의 것이 아닙니다.

3 Are these beds Tom's and Judy's?
이 침대들은 탐과 주디의 것입니까?

  - Yes, they are theirs.
  예, 그들의 것입니다.

New words

dictionary [díkʃənèri] 사전
theirs [ðɛərz] 그들의 것
yours [juərz] 당신(들)의 것
ours [auərz] 우리의 것
jeans [dʒi:nz] 청바지
handbag [hǽndbæg] 손가방
sweater [swétər] 스웨터

yours, ours, theirs

앞에서 우리는 소유대명사 '너의 것'이라는 2인칭 단수에 관하여 배웠다. yours는 '너의 것', '너희의 것'으로 동시에 쓰인다.
our '우리의'는 소유격이고 여기에 -s가 붙어 '우리의 것'이란 소유대명사로 바뀌는 것 또한 위와 같다.
theirs '그들의 것' 또한 their(그들의)라는 소유격에 -s가 붙어 소유대명사가 된 것이다.

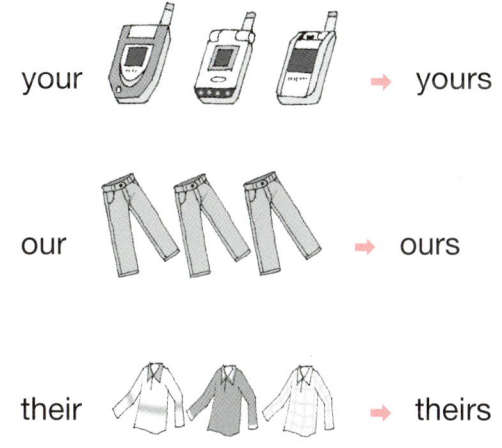

소유대명사 theirs(그들의 것)는 물음과 대답에 모두 theirs가 쓰인다. yours ↔ ours는 번갈아 사용되지만 theirs는 양쪽에 모두 사용된다.

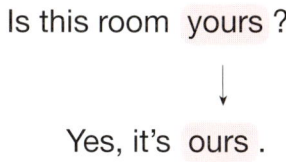

22. That dictionary is theirs.

Is that piano theirs ?
↓
No, it isn't theirs .

대명사의 격변화

~은	~의	~의 것	~은	~의	~의 것
I	my	mine	it	its	
you	your	yours	Tom	Tom's	Tom's
he	his	his	we	our	ours
she	her	hers	they	their	theirs

독립소유격 '명사 + 's'

명사에 's를 붙여 '~의' 또는 '~의 것'이라는 뜻으로 사용한다는 것을 앞 과에서 배웠다. 이런 용법은 일반 명사나 고유명사에 다같이 쓸 수 있다.

This is *your mother's handbag*.

➡ It is *your mother's*.
그것은 너의 어머니의 것이다.

That is *Ann's sweater*.

➡ It is *Ann's*.
그것은 앤의 것이다.

Memory Box

발음과 억양

- ours, theirs 따위가 있는 문장의 억양

    Is this room yours? Yes, it's ours.
    Are these beds Tom and Ben's? Yes, they are theirs.

- ours, theirs의 발음

    ours → '아어즈'로 발음하지 않도록. 바른 발음은 [auərz]
    theirs → th의 발음에 주의. 혀끝을 마찰시키면서 [ðεərz]

22. That dictionary is theirs.

연습문제 Exercises

1 보기와 같이 밑줄 친 부분을 대명사로 고치시오.

> 보기 Ki-ho is a good student. ➡ He

(1) Mrs. Park is a music teacher.
   ➡ _____

(2) This is Tom's violin.
   ➡ _____

(3) Bill and Jane are American students.
   ➡ _____

(4) This guitar is my sister's.
   ➡ _____

(5) That doll is Jane's.
   ➡ _____

(6) Are you Ki-ho and Tae-ho's brother?
   ➡ _____

(7) Her father and mother are very kind to Tom.
   ➡ _____

Hints

▶ (1)~(7)
명사를 대명사로 고치기
music teacher 음악 선생님
violin [vàiəlín] 바이올린
guitar [gitá:r] 기타
very [véri] 매우, 대단히

Exercises

2 다음 문장을 보기와 같이 고치시오.

> 보기 This is my book. ➡ This book is mine.

(1) These are our boxes.
   These _____.

(2) That isn't their room.
   That _____.

(3) Are these your rackets?
   Are _____?

(4) Are those Tom and Bill's tapes?
   Are _____?

Hints

▶ (1)
box[bɑks] 상자

▶ (4)
tape[teip] 테이프

정답

1 (1) She (2) his (3) They (4) hers (5) hers (6) their (7) They
2 (1) (These) boxes are ours (2) (That) room isn't theirs (3) (Are) these rackets yours (4) (Are) those tapes Tom and Bill's

23 I have ~. She has ~.

기본예문

1. **I have a volleyball.**
   나는 배구공을 가지고 있다.

2. **Bill has some pencils in his hand.**
   빌은 손에 몇 개의 연필을 가지고 있다.

3. **She has a racket in her hand.**
   그녀는 손에 라켓을 들고 있다.

New words

have [hæv] 가지고 있다
volleyball [válibɔːl] 배구공, 배구
has [hæz] 가지고 있다(3인칭 단수)
some [sʌm] 약간의, 몇 개의
in [in] ~ 안에

hand [hænd] 손
clock [klɑk] 시계
policeman [pəlíːsmən] 경찰
basket [bǽskit] 바구니
stamp [stæmp] 우표

have의 용법

(1) have 동사의 뜻

have는 소유의 뜻을 나타낸다. have는 '~을 가졌다' '~을 가지고 있다' '~에게는 ~이 있다'라는 뜻을 나타내며, '~을'에 해당하는 명사를 '목적어'라 한다.

I *have* a walkman.
나는 워크맨을 가지고 있다. → 나는 워크맨이 있다.

I *have* a clock.
나는 시계를 가지고 있다. → 나는 시계가 있다.

I *have* a sister.
나는 누이를 가지고 있다. → 나는 누이가 있다.

위에서 a walkman, a clock, a sister는 have 동사의 목적어이다.

(2) have와 소유격

소유의 뜻을 가진 have는 소유격과 그 뜻이 어울린다.

I *have* a knife. This is *my* knife.
나는 나이프를 가지고 있다. 이것이 나의 나이프이다.

I *have* pictures. These are *my* pictures.
나는 그림들이 있다. 이것들이 나의 그림들이다.

(3) have 동사와 3인칭 단수

have 동사는 3인칭 단수일 때에는 has가 되지만 그 밖에는 모두 have가 된다.

	단 수	복 수
1인칭	I have	We have
2인칭	You have	You have
3인칭	He She It has Dick Mr. Smith	They have

(4) be 동사와 have 동사의 차이

be 동사는 그 좌우의 단어의 수가 꼭 일치해야 한다.

<u>I</u>　　am　　<u>a student.</u>
단수　　　　　　단수

<u>We</u>　　are　　<u>students.</u>
복수　　　　　　복수

<u>He</u>　　is　　<u>a policeman.</u>
단수　　　　　　단수

<u>They</u>　　are　　<u>policemen.</u>
복수　　　　　　복수

이것은 be 동사의 좌우에 있는 주어와 보어가 동일하기 때문이다. 즉 I와 a student, We와 students가 동일한 것이다. 그러나 have 동사는 소유 관계를 나타내므로 앞뒤 명사의 수가 일치할 필요가 없다.

<u>I</u> have a toy car.
단수   단수

<u>I</u> have two watches.
단수   복수

<u>We</u> have a classroom.
복수   단수

<u>They</u> have five cows.
복수   복수

즉, 한 사람인 '내'가 장난감 자동차 하나만을 가질 수도 있고, 두 개 이상을 가질 수도 있으며, 여러 사람인 '우리'가 교실 하나를 가질 수도 있다.

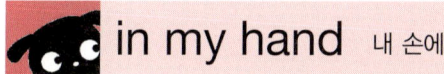
in my hand 내 손에

I have a book. He has a cup. 따위의 뒤에 각각 'in+소유격+hand'를 붙이면 '손에 있다'는 뜻이 된다.
'호주머니 속에'라면 in my[his] pocket이 된다.

I *have* a phonecard *in my pocket*.
나는 호주머니에 전화 카드를 갖고 있다.

'양손에 들고 있다'라고 할 때는 hand를 복수로 해서 hands로 한다.

He *has* a big basket *in his hands*.
그는 큰 바구니를 양손에 들고 있다.

Tom has a camera.처럼 주어가 명사일 때는 Tom's hand라고 하지 않고, 대명사로 바꾸어서 in his hand로 한다.

Tom has a camera in *his* hand.
탐은 손에 카메라를 들고 있다.

My friend has a violin in *her* hand.
내 친구는 손에 바이올린을 들고 있다.

 some의 용법

(1) some+명사

some이 명사 앞에 놓여 '몇 개의'라는 의미의 형용사로 쓰인다.

Some roses are red. 〈형용사〉
I have *some* stamps. 〈형용사〉

이때 some 다음에는 복수 명사가 오고, 그것을 받는 be 동사는 are가 된다.

The garden has trees.
Some tree is tall. ✕
Some trees are tall. ○

(2) 대명사 some

some은 '일부' '한 부분'을 나타낼 때도 있다. 즉 일부를 나타내어 '더러는 ~' '어떤 것은 ~' 하는 식의 뜻이다. some이 이렇게 단독으로 쓰일 때는 대명사가 된다. 이때에도 be 동사는 are가 된다.

Tom has pencils. *Some* are long. 〈대명사〉
탐은 연필들을 가지고 있다. 어떤 것들은 길다.

The garden has roses. *Some* are red. 〈대명사〉
정원에는 장미들이 있다. 어떤 것들은 빨갛다.

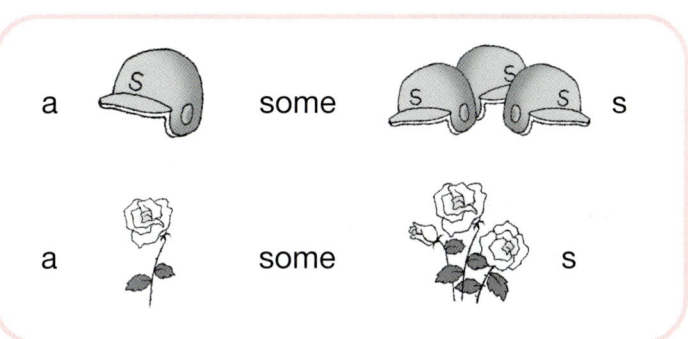

Memory Box

발음과 억양

• have, has가 있는 문장의 억양

　　I have a camera.　　He has some pencils.
　　She has a racket in her hand.

※ some은 약하게, have, has 및 명사는 강하게 발음한다.

연습문제 Exercises

1 다음 빈칸에 have나 has를 넣으시오.

(1) Tom's sister _____ a piano.

(2) Bill and I _____ a big room.

(3) Mary and Alice _____ a little cat.

(4) Mrs. Smith _____ some new blouses.

(5) My father _____ a good car.

2 다음 우리말에 알맞은 영어를 완성하시오.

(1) 나는 시계를 하나 갖고 있다.

   I _____ a _____.

(2) 너는 손에 사과를 하나 갖고 있다.

   You _____ an _____ _____ your hand.

(3) 그들은 호주머니에 돈이 좀 있다.

   They _____ _____ money in _____ pockets.

(4) 탐은 가방에 책을 다섯 권 갖고 있다.

   Tom _____ _____ books in his _____.

(5) 우리는 오후에 3시간의 수업을 받는다.

   We _____ _____ lessons in the afternoon.

Hints

▶ (1)~(5)
주어가 3인칭 단수일 때 has를 쓴다. 주어가 복수일 때는 have를 쓴다.
little[lítl] 작은
blouse[blaus] 블라우스

▶ (1)
watch[wɑtʃ] 시계

▶ (3)
money[mʌ́ni] 돈
pocket[pɑ́kit] 호주머니

▶ (5)
lesson[lésn] 수업

Exercises

3 보기와 같이 다음 문장을 고치시오.

> 보기   This is my shirt. ➡ I have a shirt.

(1) That is your chair.
➡ _____

(2) This is his new bicycle.
➡ _____

(3) This is Mary's skirt.
➡ _____

정답

1 (1) has (2) have (3) have (4) has (5) has
2 (1) have, watch (2) have, apple in (3) have some, their (4) has five, bag (5) have three
3 (1) You have a chair (2) He has a new bicycle (3) She has a skirt

I don't have any sisters.
24

기본예문

1 **I don't have an umbrella.**
나는 우산을 가지고 있지 않습니다.

2 **They don't have any houses.**
그들은 집이 없습니다.

3 **He doesn't have a camera.**
그는 사진기를 가지고 있지 않습니다.

4 **Tom doesn't have any sisters.**
탐은 누이가 없습니다.

New words

don't = do not ~이 아니다
umbrella [ʌmbrélə] 우산
any [éni] 약간의, 어떤
spoon [spu:n] 숟가락

candle [kǽndl] 양초
pen pal [pen pǽl] 편지 친구
money [mʌ́ni] 돈

don't have ~의 용법

미국 영어에서는 일반적으로 have(가지고 있다)를 부정하여 '가지고 있지 않다'로 바꿀 때는 have 앞에 don't(=do not)를 붙여서 부정문을 만든다.

I *do not* have a bicycle.
나는 자전거를 가지고 있지 않다.

You *don't* have a car.
너는 차를 가지고 있지 않다.

They *don't* have any computers.
그들은 컴퓨터를 가지고 있지 않다.

doesn't have ~의 용법

3인칭 단수가 주어인 경우에는 have 대신 has를 썼지만 부정할 때에는 doesn't (=does not) have로 해야 한다. 즉, 3인칭 단수일 때는 do 대신 does를 쓰고 '가지다'란 have 동사의 3인칭 단수형인 has를 쓰지 않고 원형인 have를 쓰는 것이다. 일반적으로 doesn't 다음에는 동사의 원형이 온다는 점을 기억해 두자.

He doesn't have a spoon. 그는 숟가락을 가지고 있지 않다.

He has a spoon. 그는 숟가락을 가지고 있다.

부정형 만들기

I		have	a candle.
I	don't	have	a candle.

He		has	a knife.
He	doesn't	have	a knife.

any의 용법

'몇몇의' '약간의'라는 뜻으로는 some과 비슷하나 긍정문에서는 some이 쓰이고, 의문이나 부정문에서는 any가 쓰인다. some과 any 뒤에 보통명사가 오는 경우 복수형이 쓰인다.

He has *some* pen pals. 〈긍정문〉
그는 펜팔이 좀 있다.

I don't have *any* pen pals. 〈부정문〉
나는 한 명의 펜팔도 없다.

Do you have *any* pen pals? 〈의문문〉
너는 펜팔이 좀 있니?

He has some diskettes. 〈긍정〉

I don't have any diskettes. 〈부정〉

의문문이라도 긍정의 답을 기대하고 물을 때는 some을 사용한다.

Do you have *some* money?
너는 돈이 좀 있니?

Memory Box

발음과 억양

- don't have, doesn't have가 있는 문장의 억양

  I don't have a piano.   They don't have any brothers.

  He doesn't have a book in his hand.

※ don't, doesn't는 강하게, any와 some은 약하게 발음한다.

연습문제 / Exercises

1 다음 빈칸에 don't나 doesn't를 넣으시오.

(1) Tom _____ have a map.

(2) I _____ have a racket.

(3) Miss Park _____ have a sister.

(4) You and Dick _____ have a Korean stamp.

(5) Ki-ho's brother _____ have any animals.

2 다음을 부정문으로 고치시오.

(1) We are good friends.
We _____.

(2) They have some flowers.
They _____.

(3) He is a new teacher.
He _____.

(4) Ki-sun has some good cages.
Ki-sun _____.

(5) Mr. and Mrs. White have a big house.
Mr. and Mrs. White _____.

Hints

▶ (1)~(5)
주어가 1, 2인칭이나 복수일 때는 don't를 쓴다. 주어가 3인칭 단수일 때는 doesn't를 쓴다.
stamp[stæmp] 우표
animal[ǽnəməl] 동물, 짐승

▶ (1)~(5)
be 동사의 부정은 be 동사 다음에 not을 붙인다. have 동사의 부정은 have 앞에 don't나 doesn't를 넣고 has는 have로 고친다.
cage[keidʒ] 새장, 우리

Exercises

3 다음 문장을 한 번 끊어 읽기에 알맞은 위치는?

(1) She has an album under her arm.
   ① has 다음   ② an 다음
   ③ album 다음   ④ under 다음

(2) We have two lessons in the afternoon.
   ① have 다음   ② two 다음
   ③ lessons 다음   ④ in 다음

(3) Alice has many dolls in her room.
   ① has 다음   ② many 다음
   ③ dolls 다음   ④ her 다음

Hints

▶ (1)~(3)
구 앞에서 끊어 읽는다.
under[ʌ́ndər] 아래
arm[ɑːrm] 팔
under her arm
  겨드랑이에 끼고
lesson[lésn] 수업, 과

정답

1 (1) doesn't (2) don't (3) doesn't (4) don't (5) doesn't
2 (1) (We) aren't good friends (2) (They) don't have any flowers (3) (He) isn't a new teacher (4) (Ki-sun) doesn't have any good cages (5) (Mr. and Mrs. White) don't have a big house
3 (1) ③ (2) ③ (3) ③

24. I don't have any sisters.

25 Do you have any brothers?

기본예문

1 Do you have any brothers?
당신은 형제가 있습니까?

- Yes, I do.
예, 있습니다.

2 Do you have a key?
당신은 열쇠를 가지고 있습니까?

- No, I don't.
아니오, 그렇지 않습니다.

- I don't have a key.
나는 열쇠가 없습니다.

New words

key [kiː] 열쇠
uncle [ʌ́ŋkl] 삼촌
phonecard [fóunkàːrd] 전화 카드
tape recorder [teip rikɔ́ːrdər] 녹음기
CD player [siːdiː pléiər] CD 재생기
pet [pet] 애완동물
cousin [kʌ́zən] 사촌

Do you have ~?

앞에서 have 동사의 부정을 나타낼 때는 do를 쓴다고 배웠다. 이와 마찬가지로 have 동사의 의문문 역시 do를 이용한다. 이 경우 do는 뜻이 없고, 다만 의문문을 만들기 위해서 덧붙인 것이다. 'You have ~.(당신은 ~을 가지고 있다)'의 문장을 의문문으로 만들 때는 문장의 첫머리에 do를 두어 Do you have ~?로 한다. 마찬가지로, I have ~의 의문문은 Do I have ~?로 하면 된다.

You have an uncle.
너는 삼촌이 계신다.

Do you have an uncle?
너는 삼촌이 계시니?

I have a phonecard.
나는 전화 카드가 있다.

Do I have a phonecard?
나는 전화 카드가 있니?

am[are, is]의 의문문

You　are　a teacher.

Are　you　a teacher?

have의 의문문

You have a tape recorder.

Do ＋you have a tape recorder?

have 동사의 의문문에 대한 대답

(1) Do you have ~?의 대답

Do you have ~?에 대한 응답은 Be동사로 시작한 의문문에 대한 응답처럼 반드시 Yes 또는 No로 시작한다. 다시 말하면 Do ~ 의문문도 Yes/No 의문문이다. 긍정일 경우엔 Yes, I do. 부정일 경우엔 No, I don't.라고 답하면 된다.

Do you have a CD player? 너는 CD 플레이어를 가지고 있니?
- Yes, I do. 예, 그렇습니다. = 있습니다.
- No, I don't. 아니오, 그렇지 않습니다. = 갖고 있지 않습니다.

Do you have a pet? 너는 애완동물을 가지고 있니?
- Yes, I do. 예, 갖고 있습니다.
- No, I don't. 아니오, 갖고 있지 않습니다.

(2) Do I have ~?의 대답

위 Do you have ~?의 물음처럼 Yes와 No로 대답한다. 긍정이면 Yes, you do. 부정이면 No, you don't.가 된다.

Do I have a cousin? 나한테 사촌이 있습니까?
- Yes, you do. 예, 있습니다.
- No, you don't. 아니오, 없습니다.

같은 동사의 반복을 피하기 위해서 동사 대신으로 쓰인 do를 '대동사'라 하고, 의문문이나 부정문에서 본동사와 함께 쓰이는 do를 '조동사'라 한다.

Do you play the piano? 〈조동사〉

Yes, I do. 〈대동사〉

I don't have a book. 〈조동사〉

Memory Box

발음과 억양

• Do you have ~?의 억양

Do you have any brothers? Yes, I do. No, I don't.
Do I have a camera? Yes, you do. No, you don't.

※ 의문문의 Do는 강하게 발음하지 않으나, 대답의 do, don't는 강하게 발음한다.

연습문제 / Exercises

1 다음을 의문문으로 고치시오.

(1) They are students.
   → _____

(2) You have an American stamp.
   → _____

(3) Mike and Bill have a big cage.
   → _____

(4) We have some candies in our hands.
   → _____

2 다음 물음에 대한 대답을 완성하시오.

(1) Do you have an album?
   Yes, _____ _____.

(2) Do I have an uncle?
   No, _____ _____.

(3) Do they have any books in their bags?
   Yes, they _____. They _____ _____ books.

Hints

▶ (1)~(4)
be 동사의 의문문은 '주어+be 동사~.'가 'be 동사+주어 ~?'의 어순이 된다.
have 동사의 의문문은 '주어+have 동사 ~'가 'Do[Does]+주어+have ~?'의 어순이 된다.
American stamp
  미국 우표
cage[keidʒ] 새장, 우리
hand[hænd] 손

▶ (1)~(4)
질문과 대답에서는 I와 You가 서로 바뀐다.
I ↔ You
they ↔ they

Exercises

(4) Do Tom and Bill have any brothers?
No, _____ _____.
They _____ _____ _____ brothers.

3 우리말에 알맞은 영어를 완성하시오.

(1) 당신은 누이들이 있습니까?
Do you _____ _____ sisters?

(2) 내 형은 손에 새 카메라를 들고 있습니다.
My brother _____ _____ _____ camera in _____ hand.

정답

1 (1) Are they students? (2) Do you have an American stamp?
(3) Do Mike and Bill have a big cage?
(4) Do we have any candies in our hands?
2 (1) I do (2) you don't (3) do, have some
(4) they don't, don't have any
3 (1) have any (2) has a new, his

26 Does she have a racket?

기본예문

1. **Does Alice have a bag?**
   앨리스는 가방이 있습니까?

   - Yes, she does.
     예, 있습니다.

2. **Does Tom have any rackets?**
   탐은 라켓이 있습니까?

   - No, he doesn't.
     아니오, 없습니다.

   - He doesn't have any rackets.
     그는 라켓이 없습니다.

New words

mirror [mírər] 거울
pillow [pílou] 베개
stereo [stériòu] 전축
grandfather [grǽndfɑ̀:ðər] 할아버지
piano [piǽnou] 피아노

Does ~?의 용법

주어가 3인칭 단수일 때 be 동사는 is가 되고 have 동사는 has가 되는 것과 마찬가지로 조동사 do는 does가 된다. He has ~.의 문장을 의문문으로 고칠 때는 Does를 첫머리에 두고, has를 have로 고쳐서 Does+주어+have~?로 한다.
Does는 do가 변화한 형태인데, 주어가 3인칭 단수일 때만 쓴다.

You have a mirror.

Do you have a mirror?

He has a pillow.

Does he have a pillow?

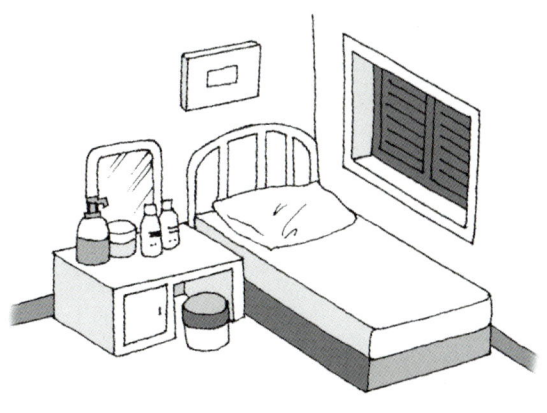

Does ~?의 대답

Does+주어+have ~?로 묻는 물음에서 대답은 긍정일 때는 Yes+주어+does. 부정일 때는 No+주어+doesn't.로 한다.

Does he have a stereo? 그는 스테레오를 가지고 있습니까?

— *Yes*, he *does*. 예, 그렇습니다.

— *No*, he *doesn't*. 아니오, 그렇지 않습니다.

Does she have a grandfather? 그녀는 할아버지가 계십니까?

— *Yes*, she *does*.

— *No*, she *doesn't*.

Does Alice have a  ?

Yes, *she* does.
No, *she* doesn't.

Does your brother have a  ?

Yes, *he* does.
No, *he* doesn't.

다음과 같이 덧붙여 대답하는 경우도 있다.

Does Alice have a piano?

— Yes, she does. She has a piano.

— No, she doesn't. She doesn't have a piano.

Memory Box

발음과 억양

• Does Tom have ~?의 억양

Does Tom have a radio? Yes, he does. No, he doesn't.

Does Alice have any friends?

No, she doesn't. She doesn't have any friends.

※ 물음의 Does는 강하게 발음하지 않지만, 대답의 does, doesn't는 강하게 발음한다.

연습문제 Exercises

1 다음 문장을 ⓐ의문문, ⓑ부정문으로 완성하시오.

(1) You have a good friend.
   ⓐ _____ you _____ a good friend?
   ⓑ You _____ _____ a good friend.

(2) Tom has a tape recorder.
   ⓐ _____ Tom _____ a tape recorder?
   ⓑ Tom _____ _____ a tape recorder.

(3) They have many stamps.
   ⓐ _____ they _____ many stamps?
   ⓑ They _____ _____ many stamps.

(4) Tom and Judy have some lilies.
   ⓐ _____ Tom and Judy _____ _____ lilies?
   ⓑ Tom and Judy _____ _____ _____ lilies.

(5) Mr. Kim has a racket in his hand.
   ⓐ _____ Mr. Kim _____ a racket in his hand?
   ⓑ Mr. Kim _____ _____ a racket in his hand.

Hints

▶ (1)~(5)
have 동사를 의문문으로 고칠 때는 그 앞에 Do나 Does를 쓴다. 1, 2인칭 및 복수형의 주어는 Do를, 3인칭 단수는 Does를 쓴다.
have 동사의 부정문은 have 앞에 don't나 doesn't를 둔다.
tape[teip] 테이프
recorder[rikɔ́:rdər] 녹음기
tape recorder 카세트 녹음기
stamp[stæmp] 우표
lily[líli] 백합

2 다음 물음에 대한 대답을 완성하시오.

(1) Does your father have a car?
   Yes, _____ _____.

▶ (1)~(3)
Does ~?로 묻는 의문문은 ~ does로 대답한다.
some은 긍정문에, any는 부정문, 의문문에 쓴다.

Exercises

ints

(2) Does Mike have any brothers?
Yes, _____ _____ . He _____ _____ brothers.

(3) Does Alice have any sisters?
No, _____ _____ .
She _____ _____ _____ sisters.

解答

1 (1) ⓐ Do, have ⓑ don't have
(2) ⓐ Does, have ⓑ doesn't have
(3) ⓐ Do, have ⓑ don't have
(4) ⓐ Do, have any ⓑ don't have any
(5) ⓐ Does, have ⓑ doesn't have

2 (1) he does (2) he does, has some
(3) she doesn't, doesn't have any

What do you have?
27

기본예문

1 **What do you have in your hand?**
   당신은 손에 무엇을 가지고 있습니까?

   - I have a model airplane.
   모형 비행기를 가지고 있습니다.

2 **What does your sister have in her hands?**
   당신의 누이는 양손에 무엇을 들고 있습니까?

   - She has a big box.
   큰 상자를 들고 있습니다.

New words

airplane [ɛ́ərplèin] 비행기
box [bɑks] 상자
bread [bred] 빵
farm [fɑːrm] 농장
cow [kau] 젖소
hairpin [hɛ́ərpìn] 머리핀
fishbowl [fíʃbòul] 어항

What do + 주어 + have ~?의 질문과 대답

'당신은[나는, 그들은] 무엇을 가지고 있습니까?'라고 물을 때는 위의 의문문을 쓴다.

너는 빵을 가지고 있니?   Do you have bread ?

너는 무엇을 가졌니?   What do you have?

위에서 보듯이 WH-의문문의 의문사(What)는 have동사의 목적어 구실을 한다. have 동사의 목적어에 해당하는 것을 몰라 what으로 묻는 것이다. 이때 what은 '무엇을'의 뜻을 갖는다. 이에 대한 대답은 '주어+have~'로 한다.

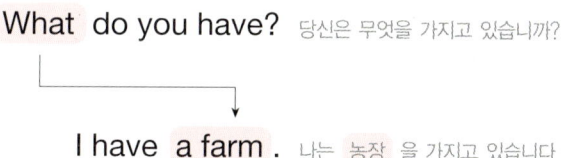

Do you have a chicken ?

What do you have?
　　→ I have a chicken .

Do they have a cow ?

What do they have?
　　→ They have a cow .

What does + 주어 + have ~?의 의문문

주어가 3인칭 단수일 때는 do를 does로 바꾼다. 이때 do만 does로 바꾸고 동사는 has가 아니라 have를 써야 맞는다. 이에 대한 대답은 '주어+has ~'로 한다.

Memory Box

발음과 억양

- What do[does] ~ have ~?의 억양

  What do you have in your hand? I have a card.
  What does your sister have in her hands?
  She has a big box.

※ 대답하는 문장에서는 가지고 있는 물건을 특히 강하게 발음한다.

연습문제 — Exercises

1 두 대화의 빈칸을 완성하시오.

(1) A : What does Mary have in _____ hand?

(2) B : _____ _____ a flower.

(3) A : What does Bill have in _____ hand?

(4) B : _____ _____ a little cat.

Hints

▶ (1) Mary는 여자이므로 her를 쓴다.

▶ (3) Bill은 남자이므로 his를 쓴다.

2 ( ) 안의 지시대로 다음 문장을 고치시오.

(1) Bill has some letters in his hand. (의문문으로)
➡ _____

(2) You have <u>a cake</u> in your hand.
(밑줄 친 부분을 묻는 의문문으로)
➡ _____

(3) I have some brothers. (부정문으로)
➡ _____

▶ (1) 주어가 3인칭 단수일 때 의문문은 Does를 앞세우고 has는 have로 고친다.

▶ (3) 긍정문의 some은 부정문에서는 any가 된다.

3 우리말에 알맞은 영어를 완성하시오.

(1) 나의 형은 새 카메라를 가지고 있습니다.
(has, brother, a, camera, my, new)
➡ _____

▶ (1)~(3) 우리말과 영어의 어순에 주의한다.

Exercises

(2) 메리는 그녀의 손에 무엇을 갖고 있습니까?
(Mary, hand, what, have, does, in, her)

➡ _____

(3) 탐은 아저씨가 한 분도 없습니다.
(Tom, uncles, have, any, doesn't)

➡ _____

Hints

▶ (3)
uncle[ʌ́ŋkəl] 아저씨, 숙부

정답

1 (1) her (2) She has (3) his (4) He has
2 (1) Does Bill have any letters in his hand? (2) What do you have in your hand? (3) I don't have any brothers.
3 (1) My brother has a new camera. (2) What does Mary have in her hand? (3) Tom doesn't have any uncles.

28 I play baseball. Do you like music?

기본예문

1. **I play baseball.**
   나는 야구를 합니다.

2. **I don't play the guitar.**
   나는 기타를 치지 않습니다.

3. **Do you like music?**
   당신은 음악을 좋아합니까?

   - **Yes, I do.**
     예, 좋아합니다.

   - **No, I don't.**
     아니오, 좋아하지 않습니다.

New words

play [plei] 놀다, 치다
like [laik] 좋아하다
music [mjú:zik] 음악, 악보
study [stʌ́di] 공부하다
use [ju:z] 사용하다

science [sáiəns] 과학
buy [bai] 사다
tennis [ténis] 테니스
bowling [bóuliŋ] 볼링

play, like 따위의 동사

play '(스포츠를) 하다, (악기를) 연주하다', like '~을 좋아하다' 따위는 am, are, is 처럼 인칭과 수에 따라 그 모양이 달라지지 않는다. 이런 동사를 be 동사와 구별해 일반동사라고 한다. be 동사, have 동사, 그리고 do 같은 조동사들을 제외한 모든 동사를 일반동사라 한다.

동사의 종류

be동사	am, are, is
have동사	have, has
일반동사	play, like, study, use 따위

일반동사가 들어간 부정문과 의문문

일반동사가 쓰인 문장을 부정문으로 만들려면 do not이나 don't를 쓴다.

- 긍정문   I like music.
  나는 음악을 좋아한다.

- 부정문   I *do not* like music.
  나는 음악을 좋아하지 않는다.

일반동사의 의문문은 문장 앞에 do를 붙이고 본동사는 원형 그대로 둔다.

⎡ You **study** science. 너는 과학을 공부한다.
⎣ ***Do*** you **study** science? 너는 과학을 공부하니?

⎡ They **buy** some flowers. 그들은 꽃을 산다.
⎣ ***Do*** they **buy** some flowers? 그들은 꽃을 사니?

일반동사의 부정과 의문

	You		play tennis	.
	You	don't	play tennis	.
Do	You		play tennis	?

 일반동사 play, like 따위 의문문의 대답

일반동사 Yes, No 의문문의 응답은 긍정일 경우 'Yes, 주어+do', 부정일 경우 'No, 주어+don't'를 쓴다.

Do you like bowling?
　⎡ Yes, I do. (= like bowling.)
　⎣ No, I don't. (≠ like bowling.)

Do they play baseball?
　⎡ Yes, they do. (= play baseball.)
　⎣ No, they don't. (≠ play baseball.)

대답의 do는 like bowling이나 play baseball을 대신하기 때문에 '대동사'라고 한다. 대답에서는 일반동사를 생략하고 대동사를 쓰는 것이 보통이다.

play의 용법

play가 '(스포츠)를 하다'로 쓰일 경우에는 그 사이에 아무런 단어가 필요없지만 '(악기)를 연주하다'의 뜻으로 쓰일 경우에는 그 사이에 정관사 the를 두어 play the piano, play the guitar라고 한다.

play + 운동 이름	— play tennis, play football, play baseball
play + the + 악기 이름	— play the piano, play the guitar, play the violin

Memory Box

발음과 억양

• play, like 따위가 있는 문장의 억양

I play tennis.   I don't play the piano.
Do you like music?   Yes, I do.   No, I don't.

※ 별색 부분은 강하게 발음한다.

연습문제 / Exercises

1 다음 글을 읽고 물음에 답하시오.

> I am a student. I have a father, a mother, and two sisters. My father is a policeman. My mother is a nurse. My sisters are students, too. They want a piano. They like music very much. I like it, too. I play baseball very well.

(1) Do you have any brothers?

➡ _____, _____ _____.

(2) What are your sisters?

➡ _____ _____.

(3) Do you like music?

➡ _____, _____ _____.

(4) Do your sisters have a piano?

➡ _____, _____ _____.

Hints

▶ (1)~(4)
father[fá:ðər] 아버지
mother[mʌ́ðər] 어머니
policeman[pəlí:smən] 경찰관
nurse[nə:rs] 간호사
want[wɑnt] 원하다, 바라다
very[véri] 매우, 대단히
much[mʌtʃ] 많은, 매우, 대단히
well[wel] 충분히, 잘

2 밑줄 친 부분의 발음이 다른 것의 번호를 ( )안에 쓰시오.

(1) ① m<u>a</u>ny   ② l<u>a</u>dy   ③ r<u>a</u>dio
   ④ b<u>a</u>seball   ⑤ pl<u>a</u>y   ( )

(2) ① d<u>o</u>esn't   ② w<u>a</u>tch   ③ m<u>u</u>ch
   ④ m<u>o</u>ther   ⑤ y<u>ou</u>ng   ( )

▶ (1)
many[méni] 많은
lady[léidi] 부인, 숙녀
radio[réidiòu] 라디오

▶ (2)
watch[wɑtʃ] 시계; ~을 지켜보다
young[jʌŋ] 젊은, 어린

Exercises

(3) ① n<u>o</u>tebook ② g<u>o</u> ③ b<u>a</u>ll
    ④ pian<u>o</u> ⑤ d<u>o</u>n't (　)

(4) ① <u>th</u>ey ② <u>th</u>is ③ bro<u>th</u>er
    ④ Smi<u>th</u> ⑤ <u>th</u>at (　)

(5) ① l<u>i</u>ke ② J<u>u</u>ly ③ f<u>i</u>ne
    ④ k<u>i</u>nd ⑤ pol<u>i</u>ceman (　)

Hints

▶ (3)
go [gou] 가다

▶ (5)
July [dʒuːlái] 7월
fine [fain] 좋은, 훌륭한

정답

1 (1) No I don't (2) They are students
(3) Yes I do (4) No they don't

2 (1) ① (2) ② (3) ③ (4) ④ (5) ⑤

28. I play baseball. Do you like music?

He plays basketball.
29

기본예문

1. **He plays basketball.**
   그는 농구를 합니다.

2. **He doesn't play football.**
   그는 축구를 하지 않습니다.

3. **Does Ann use this fork?**
   앤은 이 포크를 사용합니까?

   - **Yes, she does.**
     예, 사용합니다.

   - **No, she doesn't.**
     아니오, 사용하지 않습니다.

New words

basketball [bǽskitbɔːl] 농구
fork [fɔːrk] 포크
very [véri] 대단히
office [ɔ́ːfis] 사무실
cry [krai] 울다, 소리치다
fly [flai] 날다
laugh [læf] 웃다
judge [dʒʌdʒ] 판단하다

plays, likes의 -s

주어가 he, she, it, Tom, Ki-ho처럼 3인칭 단수일 때는 그 뒤에 오는 일반동사 play, like 등의 어미에 -s를 붙인다. 이것은 마치 3인칭 단수인 주어에 is나 has를 쓴 것과 마찬가지 형태이다.

I **like** pizza very much.
↓
Ann **likes** pizza very much.

You **play** the guitar well.
↓
Jack **plays** the guitar well.

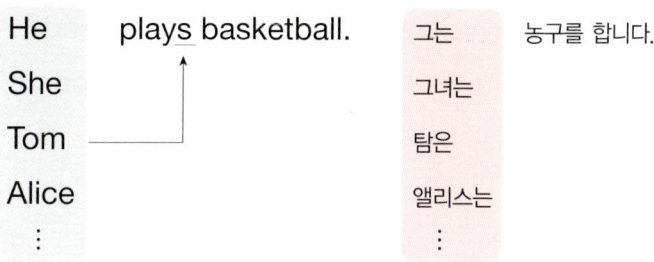

He　　plays basketball.　　그는　　농구를 합니다.
She　　　　　　　　　　　그녀는
Tom　　　　　　　　　　　탐은
Alice　　　　　　　　　　 앨리스는
⋮　　　　　　　　　　　　⋮

3인칭 단수 동사

| He | is
has
plays | a student.
a map.
tennis. |

| She | is
has
likes | a doctor.
an office.
music. |

일반동사의 3인칭 단수 변화

일반동사의 3인칭 단수형은 일반적으로 어미에 −s를 붙이는 것이다. 그러나 어미에 따라 −es를 붙이는 것도 있고, 어미가 바뀌는 것도 있다. 어떤 경우에 그렇게 되는지 살펴본다.

① −s를 붙이는 것

대부분의 동사에는 어미에 −s를 붙이기만 하면 된다.

    play ➡ plays   read ➡ reads

    write ➡ writes   come ➡ comes

② −es를 붙이는 것

어미가 −o, −s, −ch, −sh로 끝나는 동사에는 −es를 붙인다.

    go ➡ goes   do ➡ does

    teach ➡ teaches   wash ➡ washes

③ '자음+y'는 '자음+ies'가 된다

'자음+y'로 끝나는 동사는 y를 i로 바꾼 다음 −es를 붙인다.

study ➡ stud*ies*   cry ➡ cr*ies*   fly ➡ fl*ies*

play는 y로 끝난 단어지만 '모음+y'이기 때문에 그대로 -s만 붙인다.

④ -s, -es의 발음
- '무성음+s' 일 때는 [s]
  무성음은 [p], [t], [k], [f] 따위의 성대를 울리지 않는 소리이다.

  sleep ➡ sleeps [sliːps] 자다
  like ➡ likes [laiks] 좋아하다
  speak ➡ speaks [spiːks] 말하다
  write ➡ writes [raits] 쓰다
  laugh ➡ laughs [læfs] 웃다

- '유성음+s' 일 때는 [z]
  유성음은 [d], [l], [m], [n], [i], [o] 따위 성대를 울리는 소리이다.

  begin ➡ begins [bigínz] 시작하다
  play ➡ plays [pleiz] 연주하다, 운동하다
  come ➡ comes [kʌmz] 오다
  clean ➡ cleans [kliːnz] 청소하다
  stand ➡ stands [stændz] 서다

- 어미가 [z], [s], [ʃ], [tʃ], [dʒ] 음일 때는 [iz]

  please ➡ pleases [plíːziz] 기쁘게 하다
  teach ➡ teaches [tíːtʃiz] 가르치다
  mix ➡ mixes [míksiz] 섞다
  judge ➡ judges [dʒʌ́dʒiz] 판단하다
  wash ➡ washes [wɑ́ʃiz] 씻다

plays, likes의 부정문

일반동사를 부정할 때는 동사 앞에 do not[don't]를 놓는다는 것을 이미 배웠다. 3인칭 단수가 주어인 경우에는 do not[don't] 대신 does not [doesn't]를 놓으면 된다. 즉, plays, likes를 doesn't play[like]로 한다. 이때 주의할 것은 3인칭 일반동사의 부정문에서 doesn't 다음에는 동사 원형이 온다는 점이다. 조동사 don't를 doesn't (3인칭 단수)로 고쳤으므로 본동사는 원형으로 써야 하는 것이다.

My sister likes ice cream.
↓
My sister doesn't like ice cream.

John plays baseball very well.
↓
John doesn't play baseball very well.

일반동사의 부정

Alice		uses	a pen.
Alice	doesn't	use	a pen.

plays, likes의 의문문

plays, likes 동사의 주어는 3인칭 단수이므로, 이때의 의문문은 문장 첫머리에 Does를 놓고 본동사는 원형을 쓴다.

	She	goes	to school.
Does	she	go	to school?

그녀는 학교에 다닙니까?

	Bill	plays	baseball.
Does	Bill	play	baseball?

빌은 야구를 합니까?

Does~?의 대답

Does she[he] ~?의 물음에 대한 대답은 'Yes, 주어+does.' 혹은 'No, 주어+doesn't.'가 된다.

Does he like soccer?
그는 축구를 좋아하니?

— Yes, he does. (= likes soccer)
예, 좋아합니다.

— No, he doesn't. (≒ like soccer)
아니오, 좋아하지 않습니다.

일반동사의 의문문과 대답

	Tom	wants	a computer.
Does	Tom	want	a computer?

→ Yes, he does.
　No, he doesn't.

Memory Box

발음과 억양

- plays, likes 따위가 있는 문장의 억양

　He plays tennis.　　She likes music.
　He doesn't play baseball.
　Does Alice use this fork?
　— Yes, she does.　　No, she doesn't.

연습문제 — Exercises

1 ( ) 안의 낱말 중 알맞은 것에 O표 하시오.

(1) Mike (like, is like, likes) music.

(2) Tom and I (play, plays, is play) baseball.

(3) His brother (run, runs, is run) fast.

(4) My sisters (want, needs, uses) a new watch.

(5) Mary (wash, washs, washes) her car.

Hints

▶ (1)~(5)
주어가 3인칭 단수일 때는 동사에 -s 또는 -es를 붙인다. 주어가 1, 2인칭이거나 복수일 때는 동사의 원형을 쓴다.
run[rʌn] 달리다
fast[fǽst] 빨리, 빠른
wash[wɑʃ] ~을 씻다

2 밑줄 친 부분의 주어를 ( ) 안의 주어로 하여 다시 쓰시오.

(1) I have a toy train in my hands. (Tom)
Tom _____

(2) Do you know that man? (she)
_____ she _____

(3) They study English every day. (Mike)
Mike _____

(4) Judy watches television after supper. (We)
We _____

▶ (1)~(4)
toy[tɔi] 장난감
train[trein] 기차, 열차
toy train 장난감 기차
know[nou] 알다
study[stʌ́di] 공부하다, 배우다
English[íŋgliʃ] 영어
every[évri] 모든
watch[wɑtʃ] 시계; ~을 보다
supper[sʌ́pər] 저녁 식사

29. He plays basketball. **207**

Exercises

3 다음 문장을 (A) 의문문, (B) 부정문으로 고치시오.

(1) Those girls know us very well.
   (A) _____
   (B) _____

(2) Mr. Brown goes to school on Saturday.
   (A) _____
   (B) _____

(3) Tom plays tennis after school.
   (A) _____
   (B) _____

Hints

▶ (1)~(3)
주어가 3인칭 단수일 때 의문문이나 부정문을 만들려면 does를 사용하고 그 외에는 do를 쓴다.
us[ʌs] 우리를, 우리에게
Saturday[sǽtərdèi] 토요일
after school 방과 후에

정답

1 (1) likes (2) play (3) runs (4) want (5) washes

2 (1) (Tom) has a toy train in his hands.
 (2) Does (she) know that man?
 (3) (Mike) studies English every day.
 (4) (We) watch television after supper.

3 (1) (A) Do those girls know us very well?
  (B) Those girls don't know us very well.
 (2) (A) Does Mr. Brown go to school on Saturday?
  (B) Mr. Brown doesn't go to school on Saturday.
 (3) (A) Does Tom play tennis after school?
  (B) Tom doesn't play tennis after school.

What do you do?
30

기본예문

1 What do you do after school?
당신은 방과 후에 무엇을 합니까?

- I play baseball.
야구를 합니다.

2 Where do you live?
당신은 어디에 살고 있습니까?

- I live in Seoul.
나는 서울에 살고 있습니다.

3 Who plays the violin?
누가 바이올린을 켭니까?

- Alice does.
앨리스가 켭니다.

New words

after [ǽftər] ~ 후에
where [hwɛər] 어디에
live [liv] 살다
breakfast [brékfəst] 아침식사
supper [sʌ́pər] 저녁식사
homework [hóumwə̀ːrk] 숙제
listen [lísn] 듣다
want [wɑnt] 원하다
drink [driŋk] 마시다
milk [milk] 우유

What do you do?

What do you do? 는 '무엇을 합니까?'인데 이때 주어 you 다음의 do는 '하다'라는 본동사이고 앞의 do는 의문문을 만들 때 동원되는 조동사의 do다. 그 관계를 보면

이 문장에서는 뒤에 있는 본동사 do를 강하게 발음해야 된다.

주어가 3인칭 단수일 때는 주어 앞의 do가 does가 된다.

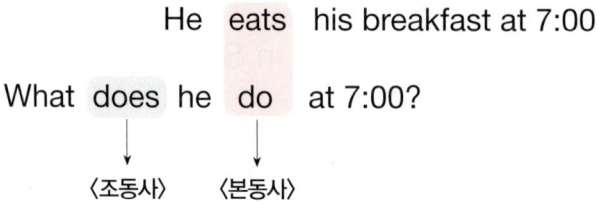

What do you do ~?에 대한 대답

WH-의문문에 대한 대답에서는 Yes/No를 쓰지 않고 '주어＋동사 ~'의 형태를 쓴다. 이때 주어가 어떻게 바뀌는지에 유의한다.

What do *you* do after supper?
당신은 저녁식사 후에 무엇을 합니까?

I *do my homework* after supper.
나는 저녁식사 후에 숙제를 합니다.

What does your mother **do in the afternoon?**
당신의 어머니는 오후에 무엇을 합니까?

She *listens to the radio* **in the afternoon.**
어머니는 오후에 라디오를 듣습니다.

 **일반동사를 이용해서 WH-의문문을 만드는 법**

너는 새 책상을 원하니?   Do you want a new desk ?
    ↓   ↓
너는 무엇을 원하니?   What do you want?

위에서 보듯 WH-의문문의 의문사(what)는 want의 목적어 구실을 한다. want의 목적어에 해당하는 것을 몰라 의문사 what으로 물은 것이다.

Do you want a cake ?
    ↓
What do you want?
      └→ I want a cake .

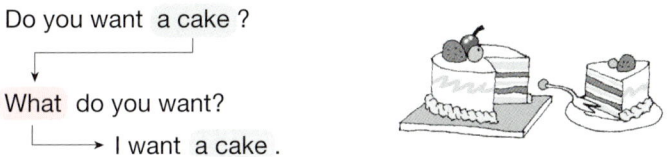

Does your sister drink milk in the morning?
    ↓
What does your sister drink in the morning?
      └→ She drinks milk in the morning.

그러나 What do you do?는 목적어뿐만 아니라 동사와 목적어까지 포괄적으로 묻는 것이다.

I go camping on Sunday.
    ↓
What do you do on Sunday?

Where do you ~?

'어디에, 어디로'에 해당하는 영어는 where이다. '당신은 어디에 살고 있습니까?'는 Where do you live?가 된다. Where 의문사를 맨 앞에 두고 의문문으로 바꾸면 된다.

Where do you learn English?
너는 영어를 어디서 배우니?

I learn English *at school*.
학교에서 배웁니다.

Where do you live?
너는 어디에서 사니?

I live *in Seoul*.
나는 서울에서 산다.

주어가 3인칭 단수일 때는 Do를 Does로 바꾸어야 한다.

Where *does* he go?
그는 어디에 갑니까?

He *goes* to school.
그는 학교에 갑니다.

Do you go to the store?
↓
Where do you go?
→ I go to the store.

Who plays ~?

Who는 '누구인지?' 물을 때 쓰이는 의문사이다. Who + 동사 ~?로 묻는 의문문의 경우 주어인 Who가 3인칭 단수이므로 동사에 -s나 -es를 붙여서 사용한다.
Who plays ~?는 play를 하는 사람이 누구인가를 묻는 질문이다. 대답은 '인명 + does'로 한다.

Who plays the violin? 누가 바이올린을 켭니까?
→ Alice does. (= plays the violin)
　　대동사

Who speaks English? 누가 영어를 말합니까?
→ Tom does. (= speaks English)
　　대동사

구어에서는 does를 빼고 사람 이름으로만 대답하는 일이 많다.

Who cleans the room? 누가 방을 치웁니까?
— Mary. 메리가요.

Memory Box

발음과 억양

- What, Where, Who가 있는 문장의 억양

What do you do after school?　　I play tennis.
Where do you live?　　　　　　　I live in Seoul.
Who plays the piano?　　　　　　Tom does.

30. What do you do? **213**

연습문제 / Exercises

1 다음 글을 읽고 물음에 답하시오.

> Tom is a student. He goes to school from Monday to Friday. He likes baseball very much, but he doesn't like football. He watches television every evening. He studies after supper. He goes to bed at ten.

(1) Is Tom a student?

_____, _____ _____.

(2) Does he go to school on Saturday?

_____, _____ _____.

(3) Does he like baseball?

_____, _____ _____.

(4) What does he do after supper?

_____ _____.

(5) Does he go to bed at ten?

_____, _____ _____.

Hints

▶ (1)~(5)
from [frəm] ~부터
to [tuː] ~까지
from A to B A에서 B까지
Monday [mʌ́ndei] 월요일
Friday [fráidei] 금요일
evening [íːvniŋ] 저녁
bed [bed] 침대
at [æt] ~에
ten [ten] 10(열)
Saturday [sǽtərdèi] 토요일

2 빈칸에 알맞은 낱말을 넣어 대화를 완성하시오.

(1) _____ does Tom live?

He _____ in New York.

Exercises

(2) _____ _____ you do after breakfast?
I go to school with Ki-sun.

(3) _____ wants this bag?
Ki-ho _____.

(4) _____ do you eat for breakfast?
I _____ bread and butter.

(5) _____ house is this?
_____ is Mr. Green's.

Hints

▶ (1)~(5)
What은 '무엇, 무슨'의 뜻으로 쓰인다.
Where는 장소가 '어딘가'의 뜻으로 쓰인다.
Who는 '누가, 누군가'의 뜻으로 쓰인다.
breakfast[brékfəst]
아침식사

정답

1 (1) Yes, he is (2) No, he doesn't (3) Yes, he does (4) He studies (5) Yes, he does
2 (1) Where, lives (2) What do (3) Who, does (4) What, eat (5) Whose, It

31. I know him.

기본예문

1 **Do you know Tom?**
당신은 탐을 알고 있습니까?

   - **Yes, I do. I know him.**
   예, 그렇습니다. 그를 알고 있습니다.

2 **Do you know Alice?**
당신은 앨리스를 알고 있습니까?

   - **Yes, I do. I know her.**
   예, 그렇습니다. 그녀를 알고 있습니다.

New words

know [nou] 알다
him [him] 그를, 그에게
her [hər] 그녀를, 그녀에게
give [giv] 주다
teach [ti:tʃ] 가르치다
well [wel] 잘
them [ðem] 그들을, 그들에게

him(그를)의 용법

I know Tom.(나는 탐을 알고 있다.)의 탐을 다시 사용할 때는 '그를'이라고 할 수 있다. '그를'에 해당하는 영어는 him이므로 I know him.이라고 쓴다. 여기서 him은 know의 목적어 구실을 하므로 '목적격'이라고 한다.

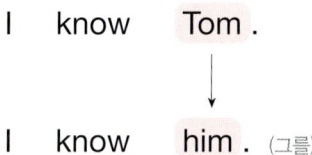

him의 두 가지 용법

him에는 '그를'이란 뜻과 '그에게'란 뜻의 2가지가 있다.

I know *him*.
나는 그를 안다.

I give *him* a bat.
나는 그에게 배트를 준다.

I teach *him*.
나는 그를 가르친다.

I teach *him* English.
나는 그에게 영어를 가르친다.

her(그녀를)의 용법

her는 she의 목적격이다. him과 마찬가지로 she의 목적격인 her도 '그녀를' '그녀에게'란 2가지 뜻을 가지고 있다. 다만 her는 소유격인 '그녀의'와 모양이 똑같으므로 주의해야 한다. '그녀의'라는 소유격으로 쓰일 때는 그 뒤에 명사가 온다.

I know Alice.
↓
I know her. 그녀를

I give her a radio. 나는 그녀에게 라디오를 준다.

I know her well. 나는 그녀를 잘 안다. 〈목적격〉
I know her name. 나는 그녀의 이름을 안다. 〈소유격〉

them(그들을)의 용법

them은 3인칭 복수의 목적격으로 사람과 물건에 같이 쓰이며 '그들을, 그들에게'의 뜻을 갖는다.

Do you know his father and mother?
↓
Yes, I do. I know them well. (그들을)

I know Tom and Alice. I teach them music. (그들에게)

인칭대명사의 격변화

수	인칭	~은	~의	~을/에게	~의 것
단수	1인칭	I	my	me	mine
	2인칭	you	your	you	yours
	3인칭	he	his	him	his
		she	her	her	hers
		it	its	it	-
		Tom	Tom's	Tom	Tom's
복수	1인칭	we	our	us	ours
	2인칭	you	your	you	yours
	3인칭	they	their	them	theirs
		Kims	Kims'	Kims	Kims'

Memory Box

발음과 억양

- him, her, them이 있는 문장의 억양
  명사의 목적격은 강하게 발음하나, 대명사의 목적격은 약하게 발음한다.

  I know Tom.   I know him.

- 의문문과 그 대답의 억양

  Do you know Mary?   Yes, I do.   I know her.

연습문제 Exercises

1 (　) 안의 낱말을 알맞은 형태로 바꾸어 빈칸에 써 넣으시오.

(1) Do you know _____ name? (he)

(2) Is that toy _____? (you)

(3) Tom doesn't like _____. (they)

(4) I don't know _____ well. (she)

(5) Judy goes to school with _____. (we)

Hints

▶ (1)~(5)
명사 앞에 오는 대명사의 격변화는 소유격이다.
name[neim] 이름
toy[tɔi] 장난감
with[wið] ~와 같이

2 (　) 안의 낱말들 중 알맞은 것을 고르시오.

(1) We know (he, his, him) well.

(2) Do you know (I, my, me) father?

(3) Does Alice like (she, her, his)?

(4) Do you like this picture?
— Yes, I do. I like (it, its, them) very much.

▶ (1)~(4)
인칭대명사의 목적격 다음에는 명사가 오지 않는다.
picture[píktʃər] 그림, 사진
much[mʌtʃ] 많은, 대단히

3 다음 밑줄 친 부분을 대명사로 바꾸어 (　) 안에 써 넣으시오.

(1) Does <u>Tom</u> know <u>you and Judy</u>?
　　　(　　)　　　(　　)

(2) <u>Mary and I</u> play tennis with <u>Tom</u>.
　　(　　)　　　　　　　(　　)

▶ (1)~(6)
'you and ~'의 형태는 복수인 you로 바꿔 쓸 수 있다.
'~ and I'의 형태는 we로 바꿔 쓸 수 있다.
'Tom and Judy'=they
Tom and Judy's는 공동소유를 나타내는 소유격

Exercises

(3) My sister likes dogs very much.
　　(　　　)　(　　)

(4) Tom and Judy's books are interesting.
　　(　　　　)

(5) We like Miss Thompson very much.
　　　　　(　　　　　)

(6) I go to school with Anna and Ben.
　　　　　　　　　(　　　　　)

Hints

答え

1 (1) his (2) yours (3) them (4) her (5) us
2 (1) him (2) my (3) her (4) it
3 (1) he, you (2) We, him (3) She, them (4) Their (5) her (6) them

Tom knows me.
32

기본예문

1 **Do you know me?**
   당신은 나를 알고 있습니까?

   - **Yes, I do. I know you.**
   예, 그렇습니다. 나는 당신을 알고 있습니다.

2 **Does Ann know us?**
   앤은 우리를 알고 있습니까?

   - **Yes, she does. She knows you.**
   예, 그렇습니다. 그녀는 당신들을 알고 있습니다.

New words

me [mi] 나를, 나에게
us [ʌs] 우리를, 우리에게
love [lʌv] 사랑하다
call [kɔːl] 부르다, 전화하다
every [évri] 매, 모든

thirsty [θə́ːrsti] 목마른
water [wɔ́ːtər] 물
hate [heit] 미워하다
history [hístəri] 역사
daily [déili] 매일의, 매일

me의 용법

'탐은 나를 알고 있다'의 '나를'은 목적격 me이다. me는 또 '나에게'란 뜻으로도 쓰인다.

Do you know **me**?
Yes, I do. ↕
I know **you**.

Grandparents love *me* very much.
할머니와 할아버지께서는 나를 끔찍히 사랑하신다.

He calls *me* every day.
그는 매일 나에게 전화한다.

I'm thirsty. Give *me* some water.
나는 목이 마릅니다. 나에게 물을 좀 주세요.

you의 용법

you는 주격과 목적격의 구분이 단어상으로는 불분명하지만 문장 속에서는 쉽게 알 수 있다.

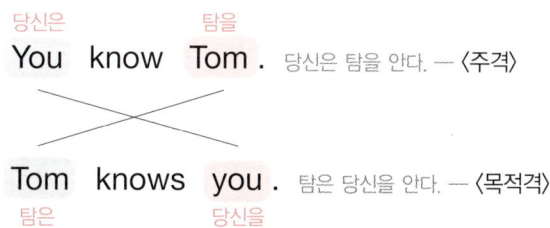

당신은   탐을
You   know   Tom .   당신은 탐을 안다. — 〈주격〉

Tom   knows   you .   탐은 당신을 안다. — 〈목적격〉
탐은   당신을

32. Tom knows me. **223**

2인칭 you는 단수와 복수를 겸하기 때문에 you에는 '당신들을'이라는 뜻도 있다.

I don't hate *you*. I like *you*.
나는 너희를 미워하지 않아. 난 너희를 좋아해.

us의 용법

us는 주격 we의 목적격이다. 주격인 we가 복수형이므로 us 또한 '우리를, 우리에게'라는 복수의 의미를 갖고 있다.

Does Mr. Brown know us?
Yes, he does.
He knows you.

Mr. White teaches *us* history.
화이트 씨는 우리에게 역사를 가르친다.

Father takes *us* to school in his car.
아버지는 차로 우리를 학교에 데려다 주신다.

Give *us* our daily bread.
우리에게 일용할 양식을 주소서.

대명사의 변화

주 격('~은'의 꼴) : 문장 속에서 주어로 쓴다.
소유격('~의'의 꼴) : 반드시 뒤에 명사가 온다.
목적격('~을'의 꼴) : know나 like 따위의 뒤에서 동사의 목적어로 쓰이든가 with와 같은 전치사의 목적어로 쓰인다.

Me   You

Us

Memory Box

발음과 억양

- me, us가 있는 문장의 억양

  Do you know me?   Yes, I do.   I know you.
  Does Mr. Green know us?   Yes, he does.
  He knows you.

  ※ me, you, us 따위 대명사의 목적격은 가볍게 발음한다.

32. Tom knows me. **225**

연습문제

1 빈칸에 알맞은 낱말을 넣어 대화를 완성하시오.

(1) Do you know me?
   Yes, I do. I know _____.

(2) Does Tom like you?
   No, he doesn't. He doesn't like _____.

(3) Does Jane know you and me?
   Yes, she does. She knows _____.

(4) Do you know Mrs. Kim?
   Yes, I do. I know _____ well.

(5) Are Tom and Mary good students?
   Yes, _____ _____.

(6) Is that your father's car?
   Yes, _____ is. It's _____.

Hints

▶ (1)~(6)
의문문의 명사와 대명사가 대답에서 어떻게 변하는가를 안다.

▶ (3)
you and me → us

▶ (5)
Tom and Mary → they

▶ (6)
father's → his

2 다음 문장을 보기와 같이 바꾸어 쓰시오.

> 보기 Tom knows Mary. ➡ Mary knows Tom.

(1) She knows you.
   ➡ _____

▶ (1)~(6)
주어 + 동사 + 목적격
↓   ↓   ↓
주격으로, 동사, 목적격으로

Exercises

Hints

(2) We like him.

➡ _____

(3) I like Mr. Spielberg.

➡ _____

(4) She plays tennis with him.

➡ _____

(5) Do you know Mary?

➡ _____

(6) You go to school with Chang-ho.

➡ _____

정답

1 (1) you (2) me (3) us (4) her (5) they are (6) it, his

2 (1) You know her. (2) He likes us. (3) Mr. Spielberg likes me. (4) He plays tennis with her. (5) Does Mary know you? (6) Chang-ho goes to school with you.

33 Mary sometimes plays tennis with me.

기본예문

1. **I sometimes play tennis with him.**
   나는 종종 그와 함께 테니스를 칩니다.

2. **Does Mike play soccer with you?**
   마이크는 당신과 함께 축구를 합니까?

   - **Yes, he does.**
     예, 합니다.

   - **He usually plays soccer with us.**
     그는 평소에 우리와 함께 축구를 합니다.

New words

sometimes [sʌ́mtaimz] 때때로
soccer [sákər] 축구
usually [júːʒuəli] 보통, 대개, 평소에
with [wið] 함께, 같이
walk [wɔːk] 걷다, 산책

always [ɔ́ːlweiz] 항상
often [ɔ́ːfən] 자주
seldom [séldəm] 거의 …않는
never [névər] 결코 …않는

sometimes의 용법

sometimes는 '이따금, 가끔'이라는 뜻이다. sometimes는 강조하기 위하여 문장 앞에 오는 경우가 많고, 문장 속에서는 일반동사(play, skate, ...)의 바로 앞에 위치한다.

Sometimes he takes a walk with me.
가끔 그는 나와 함께 산책을 간다.

I *sometimes* play baseball with my friends.
나는 가끔 친구들과 야구를 한다.

| I | | play tennis. |
| I | *sometimes* (종종) | play tennis. |

usually는 '평소에, 대개'라는 말인데 이 낱말도 sometimes와 마찬가지로 일반동사 앞에 둔다.

I *usually* play tennis with Tom.
나는 평소에 탐과 테니스를 친다.

| I | | go to the park. |
| I | *usually* (대개) | go to the park. |

sometimes, usually 등과 같이 횟수를 나타내는 부사를 '빈도부사'라고 하며, 그 위치는 'be 동사와 조동사의 뒤', '일반동사의 앞'이 된다. 빈도부사에는 이밖에도 always(항상), often(자주), seldom(거의 …않는), never(결코 …않는) 등이 있다.

 with me[him, her, them]의 용법

with가 가지는 뜻과 용도는 무수히 많으므로 그때그때 확실한 뜻과 용법을 예문과 함께 익혀 나가야 한다. 여기서는 with가 '함께'라는 뜻으로 쓰였다. 'with+사람'은 '그 사람과 함께'라는 뜻이다. 'with+사람'에서 함께 한 사람은 목적격 대명사로 표현해야 한다.

'나와 함께' ➡ with me   '그와 함께' ➡ with him 등

I sometimes go to the movies *with him*. (그와 함께)

He usually eats dinner *with us*. (우리와 함께)

with가 '도구·수단'의 뜻으로 쓰이는 예.

I see *with* our eyes.
우리는 눈으로 본다.

I write *with* my ball-point pen.
나는 볼펜으로 글씨를 쓴다.

Memory Box

발음과 억양

- sometimes나 with ~가 있는 문장의 억양

  I sometimes play tennis with him.
  Does Tom play baseball with you?
  Yes, he does.

※ 'with+대명사'의 두 단어는 강하게 읽지 않도록 한다.

연습문제

1 밑줄 친 부분을 대명사로 바꾸어 ( ) 안에 쓰시오.

(1) Does Tom play tennis with <u>Mary</u>? ( )

(2) Ki-ho uses this room with <u>Ki-sun</u>. ( )

(3) We play baseball with <u>Tom and Mike</u>. ( )

(4) Jane studies with <u>Mary and me</u>. ( )

(5) Does <u>your mother</u> like <u>these flowers</u>?
( ) ( )

(6) <u>Mr. and Mrs. Brown</u> know <u>Ki-ho</u>.
( ) ( )

Hints

▶ (1)~(6)
with와 같은 전치사는 대명사의 목적격과 함께 쓰인다.
use[ju:z] 사용하다
Mr. and Mrs. Brown
'브라운 씨 부부'

2 빈칸에 알맞은 낱말을 넣어 우리말과 같게 하시오.

(1) 나는 탐과 함께 학교에 갑니다.
   I _____ to school with _____.

(2) 나는 그녀와 함께 놉니다.
   I _____ with _____.

(3) 당신은 그와 함께 삽니까?
   Do you _____ with _____?

(4) 기순이는 나와 함께 스키를 탑니다.
   Ki-sun _____ with _____.

▶ (1)~(4)
가다 : go
놀다 : play
살다 : live[liv]
스키타다 : ski[ski:]

33. Mary sometimes plays tennis with me.

Exercises

3 ( ) 안의 낱말이 들어갈 알맞은 위치는?

(1) Tom is late for school. (sometimes)
　① Tom 다음　　② is 다음
　③ late 다음　　④ for 다음

(2) We play tennis in the park. (usually)
　① We 다음　　② play 다음
　③ tennis 다음　　④ park 다음

(3) I go to school by bus. (usually)
　① I 다음　　② go 다음
　③ school 다음　　④ bus 다음

Hints

▶ (1)~(3)
sometimes나 usually 등은 be 동사 다음, 일반동사 앞에 위치한다.
late[leit] 늦은

▶ (3)
by bus : 버스로

정답
1 (1) her (2) her (3) them (4) us (5) she, them (6) They, him
2 (1) go, Tom (2) play, her (3) live, him (4) skis, me
3 (1) ② (2) ① (3) ①

232

Where is the bag?
34

기본예문

1 Where is the map?
그 지도는 어디에 있습니까?

- It's here.
  여기에 있습니다.

- It's on the desk.
  책상 위에 있습니다.

2 Where are the students?
학생들은 어디에 있습니까?

- They are there.
  거기에 있습니다.

- They are in the classroom.
  교실 안에 있습니다.

New words

here [hiər] 여기에
there [ðɛər] 저기에
classroom [klǽsruːm] 교실
suitcase [súːtkèis] 여행가방
garden [gáːrdn] 정원
vase [veis] 꽃병
snow [snou] 눈
tree [triː] 나무
living room [líviŋ ruːm] 거실

Where는 장소를 묻는 의문사

앞서 배운 who, what 따위 의문사에 이어 이 과에서는 장소를 묻는 where를 자세히 공부한다. 이런 의문사들은 WH-로 시작되기 때문에 WH-의문문이라고 부른다. 이것은 Yes 또는 No로 대답을 시작하는 Yes/No 의문문과 대조가 되는 것으로서 각각 who(누구), what(무엇), where(어디)에 해당하는 답을 해야 한다.

Where is ~?, Where are ~?의 용법

'~이 어디에 있느냐?'라고 물을 때는 'Where+be 동사+주어?'의 형태를 취한다. 주어가 단수일 때는 be 동사는 is를, 복수일 때는 are를 쓴다.

Where is the suitcase?
그 여행가방은 어디에 있니?

Where is your school?
너의 학교는 어디에 있니?

Where is your house?
너의 집은 어디에 있니?

Where are your father and mother?
네 부모님은 어디에 계시니?

Where are the students?
학생들은 어디에 있니?

Where의 용법

Where	is	the singer? ⟨단수⟩
(어디에)	are	the singers? ⟨복수⟩

여기서 사용하는 be 동사 is, are는 제2형식 동사의 '~입니다'라는 뜻이 아니라 '~이 있다'라는 제1형식 동사이다.

> The doll *is* mine. ⟨2형식⟩
> 그 인형은 내 것입니다.

> The doll *is* there. ⟨1형식⟩
> 그 인형은 거기에 있습니다.

Where 의문문의 대답

where 의문문의 대답은 '대명사(묻는 것을 대명사로 받음)+be 동사+위치'의 형식이 된다.

(1) Where is ~?
➜ It's[He is, She is]+장소를 나타내는 말

> Where is Tom? 탐은 어디 있니?
> He is in the garden. 정원에 있어요.

> Where is my jacket? 내 재킷이 어디 있지?
> It's on your desk. 네 책상 위에 있어.

(2) Where are ~?
→ They are + 장소를 나타내는 말

> Where are your father and mother? 네 부모님은 어디에 계시니?
> They are at home. 그분들은 집에 계십니다.

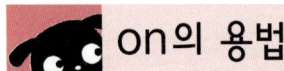 on의 용법

on은 '장소'를 나타내는 전치사로서 '표면에 접촉'하고 있을 때 쓴다.

> There is a vase *on* the table.
> 테이블 위에 꽃병이 있다.
>
> Look at the snow *on* the trees.
> 나무 위에 있는 눈을 보아라.

칠판(blackboard)이나 벽(wall)처럼 수직으로 된 면에 접해 있는 것을 가리킬 때에도 on을 쓸 수 있으며, 이때에는 우리말의 '~위에'로 번역하면 어색하다.

> What's *on* the wall?
> 벽에 무엇이 (붙어, 걸려) 있니?
>
> Write your name *on* the blackboard.
> 칠판에다 네 이름을 써라.

in의 용법

일반적으로 in은 '둘러싸여 있는' 즉 '안에'의 뜻이다. 때로 in은 on과 구별하여 쓰기가 무척 어렵다. 둘은 다같이 장소를 나타내는 전치사지만 in은 '안에' 있다고 표현할 때 흔히 쓰이고, on은 표면 '위에'라고 생각하면 된다.

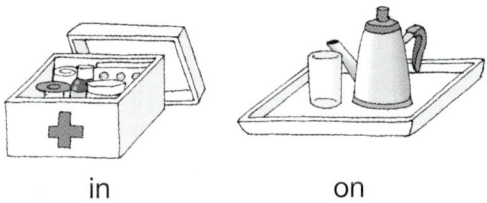

in   on

'정원에'라고 할 때도 울타리가 있다고 가정해서 in the garden이라고 한다.

in the room   *in* the classroom   *in* the living room
in the bedroom   *in* the kitchen   *in* the house

다음 그림을 참고해 보면 in과 on의 쓰임이 더 쉽게 이해될 것이다.

A
A처럼 소파(sofa)에 몸을 파묻고 있는 경우에는 She is *in* the sofa.

B
B처럼 의자(chair)에 걸터앉는 경우에는 He is *on* the chair.로 표현한다.

34. Where is the bag?

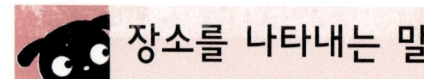

장소를 나타내는 말

장소를 나타내는 말에는 here(여기에), there(거기에), on the table(책상 위에), in the box(상자 속에), by the window(창가에), under the desk(책상 밑에) 등이 있다. 이 중에서 here, there는 부사라고 하고, on the table 등은 여러 단어가 모여서 부사의 역할을 하므로 부사구라고 한다.

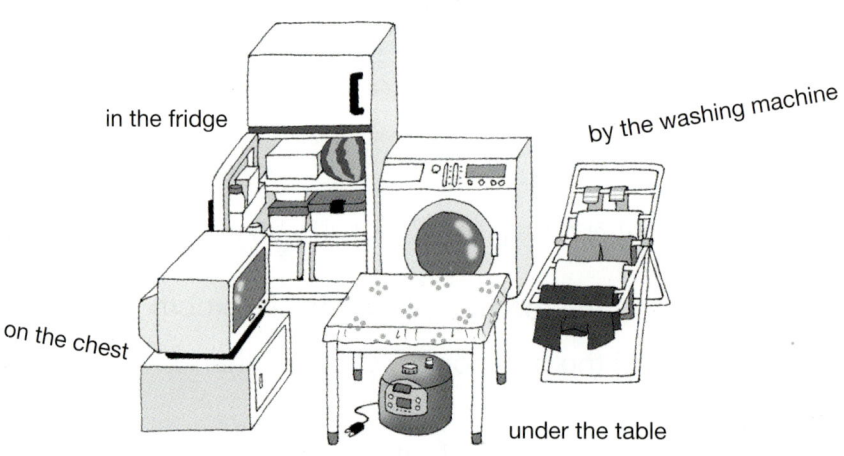

Memory Box

발음과 억양

- Where is[are] ~?의 의문문과 그 대답의 억양

　　　Where is the box ?　　It's here.　　It's on the table.
　　　Where are the boys ?　　They are there.
　　　　　　　　　　　　　　They are in the room.

※ 명사나 장소를 나타내는 말은 강하게 발음한다. 단, 전치사(on, in)는 가볍게 발음한다.

연습문제 Exercises

1 빈칸에 알맞은 낱말을 넣어 대화를 완성하시오.

(1) _____ is Tom's cap?
Tom's cap is on the television.

(2) _____ is this book?
It's mine.

(3) _____ do you live?
I live in Pusan.

(4) _____ is that man?
He is Mr. Brown.

(5) _____ is your sister?
She is in the kitchen.

(6) _____ is Miss Park?
She is a reporter.

2 빈칸에 알맞은 낱말을 보기에서 골라 써 넣으시오.

| 보기 | at   to   on   for   with   by   in |

(1) I play tennis _____ my father _____ Sundays.

(2) My uncle lives _____ America.

Hints

▶ (1)~(6)
Where ~?는 장소를 묻는다.
Whose ~?는 소유를 묻는다.
Who ~?는 이름이나 관계를 묻는다.

▶ (3)
live[liv] 살다

▶ (6)
reporter[ripɔ́:rtər]
기자

▶ (1)~(6)
시간을 나타내는 전치사
→ at, on, in 등
관계를 나타내는 전치사
→ with, by, for 등
장소를 나타내는 전치사
→ in 등
방향을 나타내는 전치사
→ to, from, for 등
Sunday[sʌ́ndei]
일요일

34. Where is the bag? 239

Exercises

(3) Mother gets up _____ six every morning.

(4) We swim _____ summer.

(5) They go _____ school from Monday to Saturday.

(6) We have four lessons _____ the morning.

Hints

get up : 일어나다
swim [swim] 수영하다
summer [sʌ́mər] 여름

3 다음 질문에 알맞은 대답을 고르시오.

> Where are your mother and sister?

① She is in the living room.
② She is the living room.
③ They are in the living room.
④ They are the living room.

▶3
living room : 거실

정답
1 (1) Where (2) Whose (3) Where (4) Who (5) Where (6) What
2 (1) with, on (2) in (3) at (4) in (5) to (6) in
3 ③

There is a picture.
35

기본예문

1 Here is a picture.
여기에 그림이 하나 있습니다.

2 Here are some bananas.
여기에 바나나가 몇 개 있습니다.

3 There is a zoo in the park.
공원에는 동물원이 있습니다.

4 There are some monkeys in the zoo.
동물원에는 원숭이가 몇 마리 있습니다.

New words

banana [bənǽnə] 바나나
zoo [zu:] 동물원
monkey [mʌ́ŋki] 원숭이
bird [bə:rd] 새

win [win] 이기다
lose [lu:z] 잃다, 지다
pink [piŋk] 분홍색(의)

Here is[are] ~. 여기에 ~이 있습니다.

Here는 '여기에'라는 뜻으로 Here is ~ 또는 Here are ~로 '여기에 ~이 있다'라는 뜻이 된다. is 다음에는 단수, are 다음에는 복수가 온다.

Here is a dictionary.
여기에 사전이 하나 있다.

Here is a flower.
여기에 꽃이 한 송이 있다.

Here are some birds.
여기에 새가 몇 마리 있다.

Here are some chairs.
여기에 의자가 몇 개 있다.

There is[are] ~. ~이 있습니다.

명사의 수에 따라 다음과 같이 사용한다.

- There is + 단수 명사 + 장소를 나타내는 어구
- There are + 복수 명사 + 장소를 나타내는 어구

여기 사용되는 There는 '거기에'라는 뜻이 없이 문장의 첫머리에 나와 다만 '~이 있다'의 뜻만을 갖고 있다. 이것을 '유도부사'라고 한다.

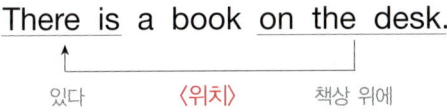

There is a book on the desk.
　　있다　　〈위치〉　　책상 위에

There are flowers in the garden.
　　있다　　〈위치〉　　정원에

위의 There is/are는 단순히 존재만을 나타내 '~이 있다'라는 뜻으로 쓰인다. 그러나 문장 뒤에 붙는 there는 '거기에'라는 뜻이 있다.

> **비교**　The book is *there*. 〈장소의 부사〉
> 　　　그 책은 거기에 있다.
>
> 　　　*There* is a book on the desk. 〈유도부사〉
> 　　　책상 위에 책이 한 권 있다.

 some의 용법

(1) some의 형용사적 용법

some은 '약간의, 몇몇, 얼마간의' 따위의 '막연한 수'를 나타낸다.

There are some monkeys in the park.
　　　　　　　　　　원숭이 몇 마리

Some days you win, and *some* days you lose.
이기는 날도 있고 지는 날도 있는 법이다.

(2) some의 대명사적 용법

some이 독립하여 주어 역할을 하는 경우에는 대명사이다.

There are lots of roses in our garden.
우리 정원에 장미가 많이 피었다.

Some are red and *some* are pink.
어떤 것은 빨간색이고 어떤 것은 분홍색이다.

Some come to school by bus, and *some* on foot.
일부는 버스로 등교하고 일부는 걸어서 등교한다.

Memory Box

발음과 억양

- Here is[are] ~. 문장의 억양

  Here is a dictionary.   Here are some books.

- There is[are] ~. 문장의 억양

  There is a zoo in the park.
  There are some monkeys in the zoo.

  ※ 첫머리에 있는 There는 약하게 발음한다.

연습문제 Exercises

1 다음 ( ) 안에서 알맞은 것을 고르시오.

(1) Here are (an, some, the) animals.

(2) Here (is, are, have) a bat and a ball.

(3) There (isn't, aren't, doesn't) (the, some, a) box on the table.

(4) My clock (is, are, has) here.

(5) There (is, are, does) some flowers near the tree.

Hints

▶ (1)~(5)
Here are + 복수 명사
There is + 단수 명사
단수 명사 + is here
animal [ǽnəməl] 동물
near [niər] 가까이
tree [tri:] 나무

2 다음 문장을 ( ) 안의 지시대로 고쳐 쓰시오.

(1) There is a crayon on the desk. (a를 some으로)
There _____

(2) Mary's doll is on the table. (doll을 dolls로)
Mary's _____

(3) There are some lions in the zoo. (부정문으로)
There _____

(4) There is a boy under the tree.
(a boy를 a boy and a girl로)
There _____

▶ (1)~(4)
단수 명사가 복수 명사로 바뀔 때는 동사도 바뀐다.
crayon [kréiən] 크레용
lion [láiən] 사자
under [ʌ́ndər] ~의 아래에

35. There is a picture. **245**

Exercises

3 다음을 우리말로 옮기시오.

(1) ⓐ The apple is in the box.
(　　　　　　　　　)

ⓑ There is an apple in the box.
(　　　　　　　　　)

(2) ⓐ The tigers are in the zoo.
(　　　　　　　　　)

ⓑ There are some tigers in the zoo.
(　　　　　　　　　)

Hints

▶ (2)
tiger [táigər] 호랑이

4 다음 빈칸에 알맞은 말은?

_____ is a picture on the wall.

① There　　② Where　　③ This　　④ It

▶ 4
There + be 동사 ~ :
'~에 ~이 있다'

정답

1 (1) some　(2) are　(3) isn't, a　(4) is　(5) are

2 (1) (There) are some crayons on the desk.
(2) (Mary's) dolls are on the table.
(3) (There) aren't any lions in the zoo.
(4) (There) are a boy and a girl under the tree.

3 (1) ⓐ 그 사과는 상자 안에 있다. ⓑ 상자 안에 사과가 한 개 있다.
(2) ⓐ 그 호랑이들은 동물원에 있다. ⓑ 동물원에 호랑이 몇 마리가 있다.

4 ①

246

Is there a chair?
36

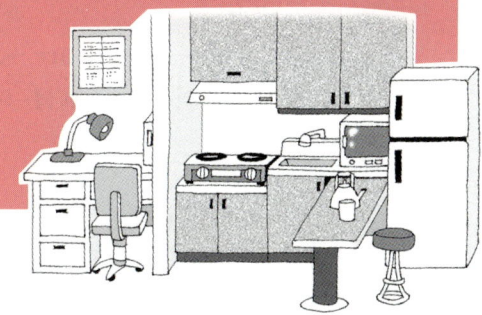

기본예문

1. **Is there a chair in the room?**
   방 안에 의자가 있습니까?

   - **Yes, there is.**
   예, 있습니다.

2. **Are there any dishes in the kitchen?**
   부엌에 접시가 좀 있습니까?

   - **No, there aren't.**
   아니오, 없습니다.

New words

kitchen [kítʃən] 부엌, 주방
bookshelf [búkʃèlf] 책꽂이
fish [fiʃ] 물고기
calendar [kǽlindər] 달력

village [vílidʒ] 마을
cushion [kúʃən] 방석
potato [pətéitou] 감자

Is there ~?의 표현과 그 응답

There is ~./There are ~.의 의문문은 be 동사와 there의 위치가 맞바뀐다. '~이 있습니까?'의 뜻이며, WH-의문문이 아니기 때문에 Yes 혹은 No로 대답할 수 있다.

There is a bookshelf in the room.

Is there a bookshelf in the room?

- 단수

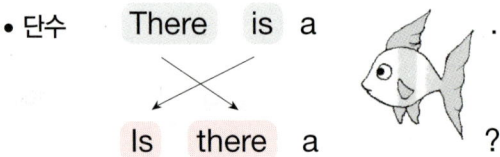

- 복수

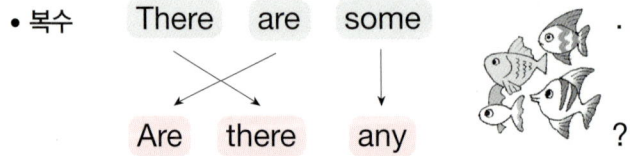

 참고

some은 긍정문에 쓰이고, 의문문이나 부정문에서는 any로 쓴다.

There are some calendars in the box. 〈긍정문〉

Are there any calendars in the box ? 〈의문문〉

There aren't any calendars in the box. 〈부정문〉

some, any 뒤에 보통명사가 오는 경우 복수형이 쓰인다. 또 부정문에서 not ~ any는 '전혀 ~이 아니다'의 뜻으로 no로 바꿔 쓸 수 있다.

There aren't any dogs in the village.
=There are no dogs in the village.
마을에는 한 마리의 개도 없다.

Is there ~?나 Are there ~?에 대한 답은 있으면 Yes, there is[are].로, 없으면 No, there isn't[aren't].로 한다.

Is there a cushion in the room? 방에 방석이 있습니까?
  Yes, there is. 예, 있습니다.
  No, there isn't. 아니오, 없습니다.

Are there potatoes in the kitchen? 부엌에 감자가 있습니까?
  Yes, there are. 예, 있습니다.
  No, there aren't. 아니오, 없습니다.

 '~이 없습니다'의 표현

There is ~. There are ~의 부정문은 is ➡ isn't, are ➡ aren't를 쓰고 some을 any로 바꾼다.

There is a picture on the wall.
→ *There isn't* a picture on the wall.

There are some toy animals in my sister's room.
→ *There aren't* any toy animals in my sister's room.

Memory Box

발음과 억양

- Is there ~? Are there ~?의 억양

  Is there a chair in the room?
  Yes, there is.   No, there isn't.
  Are there any dishes in the kitchen?
  Yes, there are.   No, there aren't.
  There aren't any dishes in the kitchen.

연습문제

1 빈칸에 알맞은 낱말을 넣어 대화를 완성하시오.

(1) _____ there a desk by the window?
  Yes, _____ _____.

(2) _____ there any monkeys under the tree?
  Yes, _____ _____.

(3) _____ there any flowers in the park?
  No, _____ _____.

Hints

▶ (1)~(3)
Is there+단수 명사?
Are there+복수 명사?
by [bai] ~ 옆에
window [wíndou] 창문

2 틀린 곳을 하나 찾아 밑줄을 긋고 바르게 쓰시오.

(1) There's many apples in the basket.
  ➡ _____

(2) Are there any boy under the tree?
  ➡ _____

(3) There aren't some eggs in the box.
  ➡ _____

(4) There are many rose in the garden.
  ➡ _____

▶ (1)~(4)
There is+단수 명사
any+복수 명사
some은 긍정문에 any는 부정문, 의문문에 쓴다.

36. Is there a chair? **251**

Exercises

3 우리말을 영어로 완성하시오.

(1) 책상 위에는 칼과 연필이 있습니다.
_____ _____ a knife _____ a pencil on the desk.

(2) 벽에는 아름다운 그림이 하나 있습니다.
There _____ _____ _____ _____ on the wall.

Hints

▶ (1)
knife[naif] 칼

▶ (2)
wall[wɔ:l] 벽, 담

4 밑줄 친 is나 are의 의미가 보기와 같은 것은?

> 보기 There <u>are</u> many pictures on the wall.

① It <u>is</u> a large building.
② They <u>are</u> my brother and my sister.
③ Your cap <u>is</u> on your desk.
④ We <u>are</u> all good friends.

▶ 4
is/are의 뜻
① '~이 있다'
② '~이다'

정답
1 (1) Is, there is (2) Are, there are (3) Are, there aren't
2 (1) There's → There are (2) boy → boys (3) some → any
   (4) rose → roses
3 (1) There are, and (2) is a beautiful picture
4 ③

37 How many balls are there in the box?

기본예문

1 How many birds are there in the cage?
새장 속에는 새가 몇 마리 있습니까?

- There are five.
다섯 마리 있습니다.

2 What's in this room?
이 방에는 무엇이 있습니까?

- A bed is. [There is a bed.]
침대가 있습니다.

New words

many [méni] 많은
cage [keidʒ] 새장
cupboard [kʌ́bərd] 찬장
horse [hɔːrs] 말
people [píːpl] 사람들
country [kʌ́ntri] 나라, 시골
pond [pɑnd] 연못

 ## How many ~?의 질문과 대답

How many ~?는 '얼마나 많은, 몇 개의~'의 뜻으로 수를 묻는 표현이다. 다음에 반드시 복수 명사가 온다. '~이 몇 개 있느냐?'는 질문을 하려면 'How many ~ are there?' 구문을 사용하면 된다.

How many cups *are there* in the cupboard?
찬장 안에는 컵이 몇 개 있습니까?

'~가 몇 개 있느냐?'는 질문이므로 '~이 ~개 있다'라는 대답을 하려면 There is[are] ~. 문장을 사용한다.

> How many+복수 명사(horses, people, countries…)+are there ~?
> ➡ There is/are+수(one/two horses, four people, five countries…).

How many children *are there* under the tree?
나무 아래 아이들이 몇 명 있습니까?

There is one (child). | *There are four* (children).
한 명 있습니다. | 네 명 있습니다.

 **주의**

대답이 단수인 경우에도 How many ~?로 시작한 의문문은 반드시 복수 구문이 된다는 것을 알아 두자.

How many pencil is there on the table? (×)
How many pencils are there on the table? (○)
➡ There is one (pencil).

 '무엇이 있습니까?'의 문답

'What+is+장소?'는 '~에 무엇이 있는가?'를 묻는 질문이다. 이 문장에서는 What 다음에 항상 단수형 동사가 온다.

What's on the wall?
벽에 무엇이 있습니까?

What's by the desk?
책상 옆에 무엇이 있습니까?

What's in the room?
방 안에 무엇이 있습니까?

이런 물음에 대한 대답은 '…이 있다'라고 하는 것이 자연스럽다. 따라서 적절한 대답의 표현은 'There is/are ~.'가 된다. '물건+is/are.'로 간단히 대답할 수도 있다.

What's in the pond?
연못에 무엇이 있습니까?

— There is a duck. [A duck is.]
오리가 한 마리 있습니다.

— There are ducks.
오리들이 있습니다.

What's in the  ?

A duck is.

Memory Box

발음과 억양

• How many ~? What's in ~?의 억양

How many balls are there in the box?

There are five.   ※ 대답은 숫자만 강하게 발음한다.

What's in this room?

A bed is.

연습문제

1 다음 문장이 대답이 되도록 의문문을 만드시오.

(1) There are five rooms in the house.
➡ _____

(2) There are two parrots in the cage.
➡ _____

(3) There are two boys and three girls in the room.
➡ _____

Hints

▶ (1)~(3)
How many + 복수 명사
+ are there + 장소?
house[haus] 집
parrot[pǽrət] 앵무새
cage[keidʒ] 새장, 우리

2 두 문장의 뜻이 같도록 빈 자리를 완성하시오.

(1) My school has a big library.
_____ _____ a big library in my school.

(2) Does a week have seven days?
_____ _____ seven days _____ a week?

(3) We have much snow in winter.
_____ _____ much snow in winter.

(4) There are twelve months in a year.
A year _____ twelve months.

▶ (1)~(4)
무생물 주어+have 동사
+~.는 There is ~.
구문으로 바꿔 표현할
수 있다.
library[láibrèri] 도서관
week[wi:k] 주, 일주일
snow[snou] 눈
winter[wíntər] 겨울
twelve[twelv] 열둘
month[mʌnθ] 달, 월
year[jiər] 연, 해

3 다음 물음에 영어로 답하시오.

(1) How many seasons are there in a year?
➡ _____

Exercises

(2) How many days are there in May?

→ _____

(3) Are there thirty-one days in April?

→ _____

Hints

▶ (1)~(3)
season[síːzn] 계절
May[mei] 5월
thirty-one[θə́ːrtiwʌ́n] 31
April[éiprəl] 4월

4 다음 빈칸에 알맞은 말은?

(1) How _____ children do Mr. and Mrs. Kim have?
Three children.

(2) What's in the bag?
_____ _____ a book in the bag.

(3) What's under the table?
_____ _____ a cat under the table.

정답

1 (1) How many rooms are there in the house?
 (2) How many parrots are there in the cage?
 (3) How many boys and girls are there in the room?
2 (1) There is   (2) Are there, in   (3) There is   (4) has
3 (1) There are four seasons (in a year).
 (2) There are thirty-one days (in May).
 (3) No, there aren't.
4 (1) many   (2) There is   (3) There is

38. Open the window.

기본예문

1 **Open the window.**
   창문을 열어라.

2 **Come here, Tom.**
   탐, 이리 오너라.

3 **Please pass the salt.**
   소금을 건네 주십시오.

4 **Let's go to the park.**
   공원에 가자.

New words

open [óupən] 열다
window [wíndou] 창문
pass [pæs] 통과하다, 건네 주다
salt [sɔːlt] 소금
let's [lets] ~하자
kind [kaind] 친절한
please [pliːz] 제발, 부디
together [təgéðər] 함께
all right [ɔːl rait] 좋아, 됐어
turn [təːrn] 돌다

'~하라'의 표현

우리는 지금까지 서술문과 의문문에 대해서 공부했다. 이 과에서는 '명령문'을 공부하게 되는데, '명령문'이란 대화 상대방에게 '오라' '가라' '서라' 하고 명령하거나, '도와 주세요' '사다 주세요' 하고 부탁하는 표현을 말한다.

명령문에는 일반적으로 주어가 없다. 부탁이나 명령은 언제나 you(너, 당신)에게만 하는 것이지, 제3자인 he나 she에게 할 수는 없기 때문이다. 그러나 특별히 강조하기 위해서 문장 첫머리에 you를 쓰기도 한다.

- 서술문   여러분은 책을 편다.
  명령문   없어짐 책을 펴라.

- 서술문   You   open your books.
  명령문   없어짐 Open your books.

명령문 만들기

서술문	You	open	the window.
명령문		Open	the window.

You wash your face. 너는 얼굴을 씻는다.
→ Wash your face. 얼굴을 씻어라.

You are kind to everyone. 너는 누구에게나 친절하다.
→ Be kind to everyone. 누구에게나 친절히 대하여라.

호칭의 위치

'탐, ~해라'처럼 상대방의 이름(호격)을 넣어 말할 때는 명령문의 첫머리나 끝에 두고 그 앞이나 뒤에 쉼표를 찍는다.

Dick, come here.

Come here, Dick.

'~해 주십시오'의 표현

(1) Please의 의미

please는 원래는 동사이지만 명령문에서는 '부디' '제발' 하고 정중히 부탁하는 표현으로 쓰인다.

ⓐ **Come in.** 들어와라.
ⓑ **Come in, please.** 들어오세요.

ⓐ보다 ⓑ가 더 친근하고 예의바른 느낌을 준다. 명령문을 쓸 때 자동적으로 please가 따라올 수 있도록 연습하자.

(2) Please의 위치

please는 명령문 뒤에 쉼표(,)를 찍고 쓰는 것이 가장 일반적인 용법이지만, 동사 앞으로 가져갈 수도 있다. please가 앞에 올 때는 쉼표가 없다.

Come in, *please*. — 문장 끝

Please come in. — 문장 첫머리

Please have this cake.

Have this cake, *please*.

또 이름(호격)을 넣어 말한다면 문장 앞이나 뒤 모두 무방하다.

Ki-ho, go to bed early, *please*.

→ Ki-ho, *please* go to bed early.

→ *Please* go to bed early, Ki-ho.

→ Go to bed early, *please*, Ki-ho.

Come in!

Come in, please.

'~하자'의 표현

'~하자'의 표현으로 쓰이는 영어의 Let's는 Let us의 줄인말이다. Let us의 본래의 뜻은 '우리들로 하여금 ~하도록 하라'는 명령이다. 그래서 그 뜻이 '~하자' '~합시다'가 된다. 1인칭 혹은 3인칭에 대한 간접 명령을 나타내는 데 쓴다.

Let us play tennis after school.
방과 후에 테니스를 치자.

Let us ~는 문어체로서 일상생활의 대화에서는 그 줄인말인 Let's를 쓴다.

Let's go to the park. 공원에 가자.

Let's go together. 함께 가자.

Let's go to the park together. 공원에 함께 가자.

Let's sing together. 함께 노래하자.

'~하지 말자'는 Let's not이다.

Let's go. 가자. 〈긍정〉

Let's not go. 가지 말자. 〈부정〉

Let's play baseball. 야구를 합시다. 〈긍정〉

Let's not play baseball. 야구를 하지 맙시다. 〈부정〉

Let's go!

Let's not go.

38. Open the window. **263**

Let's에 대한 응답

Let's에 대한 응답은 긍정일 경우와 부정일 경우에 다음과 같다.

Yes, let's. 〈긍정〉
No, let's not. 〈부정〉

Yes, let's. 대신 O.K.나 All right.을 쓰기도 한다.

Let's play tennis this afternoon. 오늘 오후에 테니스 치자.
— Yes, let's. 그래, 그렇게 하자.
— O.K. / All right. 좋아, 알았어.
— No, let's not. 싫어, 하지 말자.

명령과 제안을 비교해 보자.

- **명령 : '~해라'**
  - Turn on the television. 텔레비전을 켜라.
  - Study English. 영어를 공부해라.

- **제안 : '~하자'**
  - Let's turn on the television. 텔레비전을 켜자.
  - Let's study English. 영어를 공부하자.

Memory Box

발음과 억양

- 명령문의 억양

  Open the window.
  Please play the piano.

  Come here, Tom.
  Let's go to the park.

  ※ 호칭은 억양을 가볍게 올린다.

연습문제 Exercises

1 다음 문장을 우리말로 옮기고 비교하시오.

(1) ⓐ Ki-ho stands up.   (   )
    ⓑ Ki-ho, stand up.   (   )

(2) ⓐ We read Lesson 12.   (   )
    ⓑ Let's read Lesson 12.   (   )

Hints

▶ (1)~(2)
평서문과 명령문의 차이
stand[stænd] 서다, 서 있다
stand up : 일어서다

2 다음 문장을 (   ) 안의 우리말에 맞게 고치시오.

(1) I don't study English now. (지금 영어를 공부해라.)
→ _____ _____ _____.

(2) Do you stand up? (일어서십시오.)
→ _____ _____, _____.

(3) Tom uses this dictionary. (탐, 이 사전을 써라.)
→ _____, _____ _____ _____.

(4) Mary doesn't sit down. (메리, 앉으렴.)
→ _____ _____ _____, _____.

▶ (1)~(4)
'~해라'는 동사원형으로 시작한다.
'~하십시오'는 please가 문장의 앞 또는 뒤에 온다.
'~하자'는 Let's를 사용한다. 호격은 문장의 앞 또는 뒤에 온다.

3 다음 대화의 우리말에 알맞은 것을 보기에서 찾아 기호를 쓰시오.

보기 ① No, let's not.   ② All right.   ③ Yes, I do.
      ④ Yes, let's.   ⑤ No, I don't. ⑥ Thank you.

38. Open the window. **265**

Exercises

(1) ┌ A : Please help your mother.
    └ B : 좋습니다. (   )

(2) ┌ A : Let's play baseball.
    └ B : 그래, 하자. (   )

(3) ┌ A : Let's sing a song.
    └ B : 아니, 하지 말자. (   )

Hints

▶ (1)~(3)
명령문에 대한 긍정의 대답은 'All right.' 혹은 'O.K'를 쓴다.
Let's ~.에 대한 대답은 'Yes, let's.' 혹은 'No, let's not.'으로 답한다.
help[help] 돕다, 도와 주다
sing[siŋ] 노래하다
song[sɔːŋ] 노래, 가곡
poor[puər] 가난한

4 우리말과 같은 뜻이 되도록 빈칸에 알맞은 말을 쓰시오.

(1) 올림픽 공원에 가자.
    ➡ _____ go to the Olympic Park.

(2) 강에서 수영하지 말자.
    ➡ Let's _____ swim in the river.

(3) 불쌍한 이웃을 돕자.
    ➡ _____ help the poor.

정답

1 (1) ⓐ 좋아요. ⓑ 그래, 좋아.
  (2) ⓐ 좋아요. 그러죠. ⓑ 우리 그러지 말자.

2 (1) Study English now (2) Stand up, please
  (3) Tom, use this dictionary (4) Please sit down, Mary

3 (1) ② (2) ④ (3) ①

4 (1) Let's (2) not (3) Let's

I can skate.
39

기본예문

1 I can skate.
나는 스케이트를 탈 수 있습니다.

2 He can play the guitar.
그는 기타를 칠 수 있습니다.

3 He can't speak French.
그는 프랑스어를 말하지 못합니다.

New words

can [kæn] 할 수 있다
skate [skeit] 스케이트(를 타다)
speak [spi:k] 말하다
French [frentʃ] 프랑스어, 프랑스의
swim [swim] 수영하다
read [ri:d] 읽다
ski [ski:] 스키(타다)
summer [sʌmər] 여름

'~할 수 있다[할 줄 안다]'의 표현

I skate.(나는 스케이트를 탄다)를 '나는 스케이트를 탈 수 있다(탈 줄 안다)'는 문장으로 바꿀 때는 동사 앞에 can을 둔다.

(1) 조동사 can

do는 의문문이나 부정문을 만들 때 의미없이 쓰이는 조동사이지만, can은 '~할 수 있다'의 뜻을 가진 조동사로 do 경우와 마찬가지로 본동사 앞에 온다. 즉 본동사의 뜻을 보충하고 도와 주는 조동사이다.

> I *can* speak English.
> 나는 영어를 말할 수 있다.
>
> He *can* swim.
> 그는 수영을 할 수 있다.

(2) can은 능력을 표시한다

- 긍정
  - I speak English.
    나는 영어를 말합니다.
  - I *can* speak English.
    나는 영어를 말할 수 있습니다.

- 부정
  - I don't speak English.
    나는 영어를 말하지 않습니다.
  - I *can't* speak English.
    나는 영어를 말하지 못합니다.

(3) can과 do의 차이점

do는 주어가 3인칭 단수 현재형일 때에 does로 바뀌지만 can은 어느 경우에나 그대로 쓰인다.

Does he go to school?
→ Yes, he *does*.

Can she read English?
→ Yes, she *can*.

(4) can 뒤에 오는 동사는 원형을 쓴다

조동사인 can 다음에도 역시 동사의 원형이 온다. 동사의 어미에 s나 es를 붙이지 않는다.

He *skates*.   → He can *skate*.
그는 스케이트를 탄다.   그는 스케이트를 탈 수 있다.

She *speaks* English.   → She can *speak* English.
그녀는 영어를 말한다.   그녀는 영어를 말할 수 있다.

 **'~할 수 없다'의 표현**

can의 부정으로는 cannot[can not, can't]을 사용한다. '~할 수 없다' 즉 ~할 능력이 없음을 표현하는 말이다. 이 경우에도 cannot 다음에는 동사원형을 쓴다.

They *don't* ski in summer.
그들은 여름철에 스키를 타지 않는다.

They *can't* ski in summer.
그들은 여름철에 스키를 탈 수 없다.

Tom *doesn't* read French.
탐은 프랑스어를 읽지 않는다.

Tom *can't* read French.
탐은 프랑스어를 못 읽는다. → 읽을 수 없다.

Memory Box

발음과 억양

- can, can't가 있는 문장의 억양

  I can skate.   He can play the guitar.
  She can't speak French.

  ※ can은 약하게 발음하나 can't는 강하게 발음한다.

연습문제

1 다음 문장을 우리말로 옮기고 비교하시오.

(1) ⓐ We play basketball after school.
　　ⓑ We can play basketball.

(2) ⓐ He sometimes speaks German.
　　ⓑ He can speak German.

> **Hints**
> ▶ (1)~(2)
> 일반동사와 '조동사+일반동사'의 차이

2 다음 문장을 부정문으로 고치시오.

(1) I speak English very well.
　→ I _____ _____ English very well.

(2) I can speak English very well.
　→ I _____ _____ English very well.

(3) Tom runs very fast.
　→ Tom _____ _____ very fast.

(4) Tom can run very fast.
　→ Tom _____ _____ very fast.

> ▶ (1)~(4)
> 일반동사의 부정은 일반동사 앞에 don't나 doesn't를 붙인다. 조동사 can의 부정은 can't로 나타낸다.
> **very well** : 대단히, 잘
> **run**[rʌn] 달리다
> **fast**[fǽst] 빨리, 빠른

3 우리말에 알맞은 영어를 완성하시오.

(1) 어머니는 테니스를 잘 하실 수 있다.
　→ My mother _____ _____ tennis very well.

> ▶ (1)~(3)
> '~할 수 있다'와 '~한다'의 차이
> **a little** : 조금

Exercises

(2) 주디는 프랑스어를 조금 말한다.
➡ Judy _____ French a little.

(3) 주디는 프랑스어를 조금 말할 수 있다.
➡ Judy _____ _____ French a little.

4 다음 문장을 보기와 같이 바꾸어 쓰시오.

> 보기 I play the violin. ➡ I can play the violin.

(1) We go on a picnic.
➡ _____

(2) My uncle drives a truck.
➡ _____

(3) Min-ho runs fast.
➡ _____

정답

1 (1) ⓐ 우리는 달에 사는 사람들 본 적이 있다. ⓑ 우리는 달에 사는 사람들을 볼 수 있다.
(2) ⓐ 그는 매일 수영하러 운동한다. ⓑ 그는 매일 수영을 할 수 있다.
2 (1) don't speak (2) can't(cannot) speak (3) doesn't run (4) can't(cannot) run
3 (1) can play (2) speaks (3) can speak
4 (1) We can go on a picnic. (2) My uncle can drive a truck. (3) Min-ho can run fast.

Can you speak German?

40

기본예문 **1** Can you speak German?
당신은 독일어를 말할 수 있습니까?

- Yes, I can.
  예, 할 수 있습니다.

- No, I can't.
  아니오, 하지 못합니다.

2 Who can swim well?
누가 수영을 잘 할 수 있습니까?

- Tom can.
  탐이 할 수 있습니다.

New words

German [dʒə́ːrmən] 독일의, 독일어
understand [ʌ̀ndərstǽnd] 이해하다
sentence [séntəns] 문장
ride [raid] 타다
newspaper [njúːzpèipər] 신문
museum [mjuzíːəm] 박물관
solve [sɑlv] 해결하다
problem [prɑ́bləm] 문제

'~할 수 있습니까?[할 줄 압니까?]'의 표현

Can이 있는 문장을 의문문으로 바꿀 때는 주어 앞에 can을 가져오면 된다. 즉, 'Can+주어+본동사 ~?'의 순서로 한다.

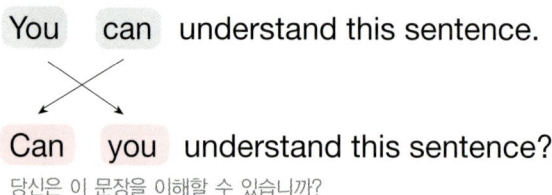

당신은 이 문장을 이해할 수 있습니까?

Do ~? 의문문을 Can ~? 의문문으로 바꾸려면 Do를 Can으로 바꿔 주기만 하면 된다. 주어가 3인칭 단수일 때는 Does를 Can으로 바꾼다.

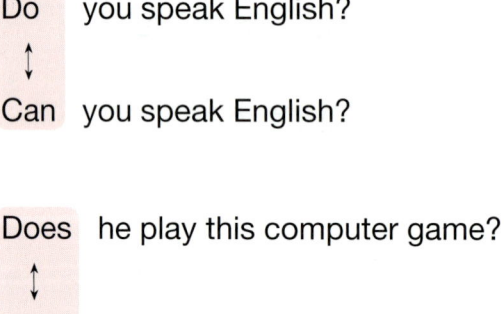

Can ~?에 대한 대답은 Do~?의 경우와 마찬가지로 Yes나 No로 시작하여 can만으로 다음에 생략된 부분을 대표할 수가 있다.

Can you ride a horse?
당신은 말을 탈 수 있습니까?

— Yes, I can (ride a horse).

— No, I can't (ride a horse).

Can Tom read a Korean newspaper?
탐은 한국 신문을 읽을 수 있습니까?

— Yes, he can (read a Korean newspaper).

— No, he can't (read a Korean newspaper).

Who can ~? 누가 ~할 수 있습니까?

Who는 사람에 관해서 물어 보는 의문대명사인데 can 조동사와 함께 쓰이면 누가 ~ 할 수 있는지 묻는 표현이 된다.

Who is that boy? ➡ He *is* Tom.
Who comes to school? ➡ Tom *does*.
Who can skate well? ➡ Tom *can*.

위에서 본 것처럼 의문사 who로 물으면 이름을 말해야 되고, 물음의 동사가 be 동사면 be 동사로, 일반동사면 does로, can 조동사일 땐 대답도 can으로 해야 된다.

Who is that man? 저 남자는 누굽니까?

He is Mr. Lee.

Who comes to the museum? 누가 박물관에 갑니까?
↓ ↓
Tom does.

Who can solve the problem? 누가 문제를 풀 수 있습니까?
↓ ↓
Tom can.

Memory Box

발음과 억양

- can의 의문문과 그 대답의 억양

  Can you speak German? Yes, I can. No, I can't.
  Who can skate well? Tom can.

※ 묻는 말의 can은 약하게 발음하고, 대답하는 말의 can은 강하게 발음한다.

연습문제 Exercises

1 다음 보기의 문장을 (   ) 안의 지시대로 완성하시오.

> 보기 Tom plays football very well.

(1) (의문문으로) _____ Tom _____ football very well?

(2) (Yes로 시작하는 대답) Yes, _____ _____.

(3) (No로 시작하는 대답) No, _____ _____.

Hints

▶ (1)~(3)
일반동사의 의문문은 Do나 Does를 사용하여 만든다. 또 대답도 do, does를 사용하여 답한다.
football [fútbɔ̀ːl] 축구, 풋볼

2 다음 글을 읽고 물음에 답하시오.

> Tom and Judy are good friends. They play tennis every Saturday. Tom can play basketball, but Judy can't. Judy's father sometimes plays tennis with them. They like tennis very much.

(1) Can Tom and Judy play tennis?
_____, _____ _____.

(2) Can Judy play basketball, too?
_____, _____ _____.

(3) Does Judy's father sometimes play tennis with Tom?
_____, _____ _____.

(4) Who can play basketball?
_____ _____.

▶ (1)~(4)
Can으로 시작한 의문문은 can으로 답한다. Does로 시작한 의문문은 does로 답한다. Who can ~?의 대답은 '인명+can'으로 한다.
Saturday [sǽtərdèi] 토요일
basketball [bǽskitbɔ̀ːl] 농구
like [laik] ~을 좋아하다
very much : 대단히

Exercises

3 다음을 의문문으로 바꾸어 쓰시오.

(1) You can buy a watch for him.

   ➡ _____

(2) Miss Kim can join us.

   ➡ _____

4 다음 대화의 빈칸에 알맞은 말을 쓰시오.

(1) A : Can you read Japanese?
    B : No, _____ _____.

(2) A : Can you and Tom go there?
    B : Yes, _____ _____.

(3) A : Can your mother cook well?
    B : _____, _____ can.

> **Hints**
> ▶ (1)~(3)
> Can ~?의 물음에 대한 답이 긍정이면 'Yes, + 주어+can,' 부정이면 'No, +주어+can't.'

정답
1 (1) Does, play (2) he does (3) he doesn't
2 (1) Yes, they can (2) No, she can't (3) Yes, he does (4) Tom can
3 (1) Can you buy a watch for him? (2) Can Miss Kim join us?
4 (1) (No,) I can't (2) (Yes,) we can (3) Yes, she

How old are you?

41

기본예문

1 How old are you?
당신은 몇 살입니까?

　　- I'm thirteen years old.
　　　나는 13살입니다.

2 How tall is Tom?
탐의 키는 얼마입니까?

　　- He is five feet four inches tall.
　　　그는 5피트 4인치입니다.

New words

year [jiər] 해, 연
tall [tɔ:l] 키가 큰
feet [fi:t] (길이의 단위) 피트, 발(foot)의 복수
inch [intʃ] 인치
high [hai] 높은

temple [témpl] 절
mountain [máuntin] 산
long [lɔ:ŋ] 긴
bridge [bridʒ] 다리

41. How old are you? **279**

나이를 묻고 답하는 표현

old는 '나이가 ~인'의 뜻으로 How old ~?면 '나이가 얼마나 들었느냐?'라고 하는 물음이 된다. 그 뒤에 are you, is he 따위를 붙이면 '당신'이나 '그'의 나이를 묻는 표현이 된다.
How old ~?에 대한 응답은 관용적으로 햇수 표현 다음에 old를 써서 나타낸다. 회화체에서는 years old를 생략하는 경우도 있다.

How old are you? 너는 몇 살이냐?
➡ I'm **thirteen (years old)**. 13살입니다.

How old is your father? 아버지 연세가 얼마나 되시니?
➡ He is **forty-five (years old)**. 45살입니다.

How의 쓰임

안부를 물을 때	How		are you?
나이를 물을 때	How	old	are you?

thirteen — years old — seventy

키를 묻고 답하는 표현

'키'를 묻는 표현은 '나이'를 묻는 경우와 그 형식이 똑같다. 다만 old 대신 tall을 쓰면 된다. 대답은 길이를 나타내는 단위인 meter(미터), feet(피트), inch(인치)를 써서 한다. 나이를 말할 때는 years old를 흔히 생략하는 데 비해, 키를 말할 때는 tall을 별로 생략하지 않는다.

How tall are you?
너는 키가 얼마냐?

→ I'm **five feet tall**.
5피트입니다.

How tall is your father?
당신 아버님의 키는 얼마입니까?

→ He is **five feet six inches tall**.

41. How old are you? **281**

나이, 키, 크기, 길이를 묻는 표현

나이	How old	be동사	주어	?
키, 높이	How tall[high]			
크기	How large[big]			
길이, 기간	How long			

How old is the temple?
그 절은 얼마나 오래됐니?

How high is that mountain?
저 산은 높이가 얼마지?

How large is Korea?
한국은 얼마나 큽니까?

How long is that bridge?
저 다리는 얼마나 깁니까?

Memory Box

발음과 억양

• How old[tall]~?의 억양

How old are you?   I'm thirteen years old.
How tall is Tom?   He is five feet four inches tall.

※ years, feet, inches 따위의 단위는 강하게 발음하지 않는다.

연습문제 Exercises

1 다음 빈 자리에 알맞은 낱말을 써 넣으시오.

(1) _____ are you? I'm very _____, thank you.

(2) _____ ___ _____ is Tom? He is sixteen _____ old.

(3) _____ is Judy? _____ is a student.

(4) _____ _____ is Tom? He is five feet _____.

> **Hints**
>
> ▶ (1)~(4)
> How는 나이나 키 또는 건강 상태를 물을 때 쓴다.
> sixteen[sìkstíːn] 16, 16세

2 다음 물음에 대한 대답을 보기에서 골라 기호로 답하시오.

보기
ⓐ Yes, I do.　　　ⓑ I have two.
ⓒ By bus.　　　　ⓓ I'm six feet tall.
ⓔ No, thank you.　ⓕ How do you do?
ⓖ I'm thirteen.　　ⓗ Fine, thank you.

(1) How are you? (　　　)

(2) How do you do? (　　　)

(3) How do you come to school? (　　　)

(4) How old are you? (　　　)

(5) How tall are you? (　　　)

(6) How many brothers do you have? (　　　)

> ▶ (1)~(6)
> How는 나이, 키, 건강 상태 이외에 방법, 수단을 묻기도 한다.

41. How old are you?　**283**

Exercises

3 다음 우리말에 알맞은 영어를 완성하시오.

(1) 너의 여동생은 몇 살이니?
_____ _____ _____ your sister?

(2) 그의 형은 키가 얼마나 되니?
_____ _____ _____ his brother?

4 다음 빈칸에 알맞은 말을 쓰시오.

(1) A : How _____ is Kitty?
B : She is twelve years old.

(2) A : How _____ are you?
B : I'm 145 centimeters tall.

(3) A : How _____ books does Mrs. Page have?
B : She has fifty books.

(4) A : How _____ do you stay here?
B : For about three hours.

Hints

▶ (1)~(4)
나이를 물을 때 :
How old ~?

키를 물을 때 :
How tall ~?

갯수를 물을 때 :
How many ~?

길이, 기간을 물을 때 :
How long ~?

정답

1 (1) How, fine (2) How old, years (3) What, She (4) How tall, tall
2 (1) ⓐ (2) ⓓ (3) ⓒ (4) ⓑ (5) ⓓ (6) ⓑ
3 (1) How old is (2) How tall is
4 (1) old (2) tall (3) many (4) long

What time is it?
42

기본예문

1 What time is it now?
지금 몇 시입니까?

- It's seven thirty.
7시 30분입니다.

2 What time do you get up?
당신은 몇 시에 일어납니까?

- I get up at six.
6시에 일어납니다.

3 It's very cold this morning.
오늘 아침은 매우 춥습니다.

New words

time [taim] 시간
get up (잠자리에서) 일어나다
cold [kould] 추운, 차가운
quarter [kwɔ́ːrtər] 4분의 1, 15분
half [hæf] 반, 30분
past [pæst] 지나서
end [end] 끝(나다)
learn [ləːrn] 배우다
warm [wɔːrm] 따뜻한

시간을 묻는 표현

시간을 물을 때는 What time is it?을 쓴다. 이때의 it은 특정한 뜻이 없이 시간을 가리키는 비인칭대명사로서 질문과 대답에 동시에 쓰인다.

시간을 묻는 표현으로는 이밖에도 What time do you have?, Do you have the time? 등이 있다. 후자에서는 time 앞에 정관사 the를 쓴 것을 기억해야 한다. the를 빼고 Do you have time?이라고 하면 '시간 있습니까?'의 뜻이 된다.

시간을 묻는 표현

What time is it?
What time do you have?
Do you have the time?

시간을 말하는 표현

시간을 말하는 표현은 몇 가지가 있지만 가장 일반적인 것은 'It+is+시간'으로 말하는 것이다. 이때의 it도 특정한 뜻이 없이 시간을 가리키는 비인칭주어이다.

It is six o'clock. 6시입니다.
It is ten thirty. 10시 30분입니다.
It is five fifteen. 5시 15분입니다.
It is eight forty-five. 8시 45분입니다.

'2시 30분'의 경우는 '2시 반'이라고 말하기도 하는데, 영어에서도 30분은 half를 써서 나타내기도 한다. 또 15분은 1/4을 뜻하는 quarter를 써서 나타내기도 한다. '5분 전'과 같은 표현은 전치사 to를 써서 나타낸다. 반대로 '지나서'는 past이다.

1시 15분 = a quarter past one
1시 45분 = a quarter to two (=2시 15분 전)
2시 30분 = half past two (=2시 30분, 2시 반)
3시 55분 = five to four (=4시 5분 전)

It's four five.
(4시 5분입니다.)

It's six forty-five.
(6시 45분입니다.)

I have five twenty-five.
(5시 25분입니다.)

I have eight o'clock.
(8시입니다.)

 ### '몇 시에 ~합니까?'의 문답

'~시에 ~합니까?'의 물음은 What time을 첫머리에 두고 다음에 일반동사의 의문문을 쓴다.

What time do you get up?
당신은 몇 시에 일어납니까?

What time do you go to school?
당신은 몇 시에 학교에 갑니까?

What time does your school begin?
당신의 수업은 몇 시에 시작합니까?

대답은 '주어+동사+시간을 나타내는 어구'로 한다.

I get up *at seven*.
나는 7시에 일어난다.

I go to school *at seven thirty*.
나는 7시 30분에 학교에 간다.

Our school begins *at eight*.
우리의 수업은 8시에 시작한다.

 '~시'를 나타내는 o'clock는 생략하는 일이 더 많다.
Tom comes home at five (o'clock). 탐은 5시에 집에 온다.

전치사 at의 용법

School begins at eight and ends at four.
수업은 8시에 시작해서 4시에 끝난다.

He learns English at school.
그는 학교에서 영어를 배운다.

'춥다, 덥다'의 표현

it은 시간을 나타낼 때 쓰인다고 배웠는데, 날씨와 온도를 말할 때도 it을 주어로 쓴다.

It is very *warm* in summer.
여름에는 매우 덥습니다.

It's cold in winter.
겨울에는 춥습니다.

It's very warm.

It's cold.

Memory Box

발음과 억양

- '시간'에 대한 문장의 억양

  What time is it now?   It's seven thirty.
  What time do you get up? I get up at six.

- '기온'을 나타내는 문장의 억양

  It's cold.   It's very warm.

연습문제   Exercises

1 빈 자리에 알맞은 낱말을 넣어 대화를 완성하시오.

(1) What time _____ they have lunch?
They have lunch _____ twelve.

(2) What time does Judy have dinner?
_____ _____ dinner _____ seven.

(3) _____ _____ does your father get up?
He _____ up _____ six.

(4) _____ do they play baseball?
_____ play it after school.

(5) _____ _____ is it now?
It is a quarter to eleven.

(6) Is _____ cold this morning?
Yes, _____ very cold.

Hints

▶ (1)~(6)
시간 앞에 쓰는 전치사는 at, to, past 등이 있다.
at : 시각 앞에 쓴다
to : '~시 ~ 전'의 뜻으로 쓰인다.
past : '~시에서 ~분 지난'의 뜻으로 쓰인다.

날씨를 나타낼 때는 비인칭대명사 it을 사용한다.
have : 먹다
lunch[lʌntʃ] 점심
dinner[dínər] 정찬, 저녁
quarter[kwɔ́ːrtər] 4분의 1, 15분

2 다음 물음의 대답을 보기에서 골라 기호로 답하시오.

보기
ⓐ It is Tuesday.   ⓑ We play it on Sunday.
ⓒ It's three fifty-five.   ⓓ I get up at six thirty.
ⓔ It is spring now.   ⓕ We play it in the park.

Exercises

(1) What time is it by your watch? (   )

(2) When do you play tennis? (   )

(3) What time do you get up? (   )

(4) What day of the week is it today? (   )

(5) What season is it now? (   )

Hints

▶ (1)~(5)
What time과 같은 뜻으로 when을 사용하여 때나 시간을 묻기도 한다.

Tuesday[tjú:zdei] 화요일
Sunday[sʌ́ndei] 일요일
spring[spriŋ] 봄
watch[wɑtʃ] 시계
when[hwen] 언제, 몇 시에
week[wi:k] 주, 일주일
season[sí:zn] 계절

정답

1 (1) do, at (2) She has, at (3) What time, gets, at
(4) When, They (5) What time (6) it, it's

2 (1) ⓒ (2) ⓑ (3) ⓓ (4) ⓐ (5) ⓔ

When do you skate?
43

기본예문

1 When do you skate?
당신들은 언제 스케이트를 탑니까?

- We skate in winter.
  우리는 겨울에 스케이트를 탑니다.

2 How many times do you have English every week?
영어는 매주 몇 시간 있습니까?

- We have it four times.
  네 시간 있습니다.

New words

when [hwen] 언제
winter [wíntər] 겨울
week [wi:k] 주
vacation [veikéiʃən] 방학
picnic [píknik] 소풍

class [klæs] 학급, 수업
movie [mú:vi] 영화
month [mʌnθ] 달, 월
once [wʌns] 한 번
before [bifɔ́:r] 전에

 ## '언제 ~합니까?'의 문답

when은 '언제'라는 뜻으로 what time 대신 쓰기도 하지만 폭넓게 '날, 달, 계절' 따위에 대해서 물을 때도 쓴다.

When do you have your vacation?
너희는 언제 방학을 하니?

When do we go on a picnic?
우리는 언제 소풍을 갑니까?

when의 의문문은 what의 의문문의 형식과 같다. 즉, when이 맨 앞으로 가고, 조동사+주어+본동사의 순서가 된다.

What does he study at school?
그는 학교에서 무엇을 공부하니?

When does he go to school?
그는 언제 등교하니?

위 문장에서 what은 study의 목적어가 되지만 when은 대답에서 나올 부사구의 부분을 묻는 질문이 된다.

When does he eat breakfast? 그는 언제 아침을 먹니?

At seven . 7시에요.

When do you play baseball? 언제 너희는 야구를 하니?

We play baseball on Saturday . 토요일에 합니다.

43. When do you skate? 293

시간을 나타내는 전치사

(1) '몇 시, 몇 분'에는 at를 쓴다

몇 초, 몇 분, 몇 시 따위의 시간의 한 순간 앞에서는 전치사 at를 쓴다.

> **We go to school *at* seven.**
> 우리는 7시에 학교에 간다.
>
> **The class begins *at* nine.**
> 수업은 9시에 시작된다.

(2) '오전에' '오후에' 는 전치사 in, '월' '계절' 등도 in

시간의 한 순간이 아니고 오전이나 오후처럼 한참 계속되는 기간이 될 경우에는 흔히 in을 쓴다. 오전, 오후 따위에서 시작하여 '월' '계절' '연' '세기'에 이르기까지 긴 시간 앞에도 in을 쓴다.

> **He has three classes *in* the morning.**
> 그는 오전에 수업이 3시간 있다.
>
> **We skate *in* winter.**
> 우리는 겨울에 스케이트를 탄다.

(3) '요일' '날짜' 앞에는 전치사 on을 쓴다

요일이나 날짜 앞에는 전치사 on을 쓴다.

> **We do not go to school *on* Sunday.**
> 우리는 일요일에는 등교하지 않는다.
>
> **Jane doesn't have classes *on* Saturday.**
> 제인은 토요일에 수업이 없다.

When~?
in winter

on Sunday

횟수를 묻는 How many times ~?와 대답

How는 many를 꾸미는 말로서 How many는 '얼마나 많은'의 뜻으로 갯수를 묻는 표현이 된다는 것을 앞에서 배웠다. 이 두 단어가 어울려 times를 꾸며서 '몇 번'이라고 횟수를 묻는 표현이 된다.

How many times ~?
           (몇 번)

이때 times는 항상 복수형으로 쓰며 '시간'이 아니라 '횟수'를 나타낸다.
How many times ~?로 시작되는 의문문은 What이나 When으로 시작되는 의문문과 마찬가지 형태를 취한다. 즉, 'How many times+do(es)+주어+본동사 ~?'의 형태가 된다.

How many times do you play tennis in a week?
당신은 일주일에 몇 번 테니스를 합니까?

How many times do you go to the movies in a month?
당신은 한 달에 몇 번 영화를 보러 갑니까?

이에 대한 대답은 '주어+동사+횟수를 나타내는 어구'로 하면 된다. '~번'은 times를 써서 two times(두 번), three times(세 번) 등으로 말한다. two times는 twice라고도 하며 '한 번'은 one time, 혹은 once라고 한다.

How many times do you play tennis in a week?
➡ I play tennis *three times* in a week.

How many times do you go to the movies in a month?
➡ I go to the movies only *once* in a month.

위의 대답에서 중복되는 부분을 전부 빼고 'Three times.' 'Only once.'라고 대답해도 된다. 회화체에서는 흔히 그렇게 간략하게 대답한다.

What month comes after ~?

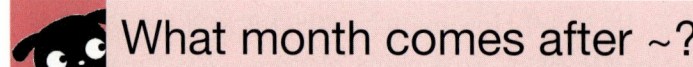

What　comes　after spring? 봄 다음에는 무엇이 옵니까?
의문사　본동사　수식어구

위 문장에서 what 의문사는 동사의 주어가 된다. 의문사가 주어일 때는 do 따위의 조동사를 쓰지 않고 바로 본동사가 나온다.

What month *comes* after September?
9월 다음에는 어떤 달이 옵니까?

What day *comes* before nine?
9일 앞의 어떤 날입니까?

이에 대한 대답은 '주어+do(es)'로 하면 된다.

What day comes before Saturday?
Friday does. (=comes before Saturday)

Sunday　　Monday　　Tuesday

before ←⎯⎯⎯⎯⎯→ after

Memory Box

발음과 억양

- When~? How many times ~?의 억양

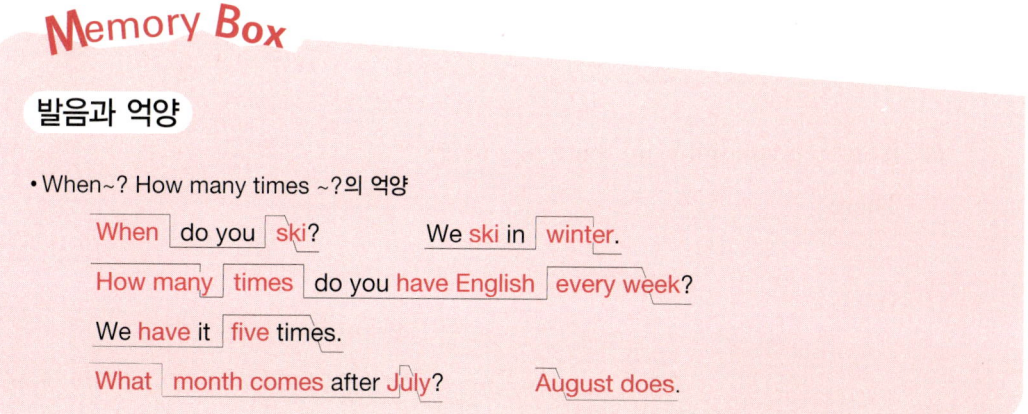

연습문제 Exercises

1 다음 빈 자리에 알맞은 낱말을 써 넣으시오.

(1) April comes _____ March.

(2) _____ is the fifth month of the year.

(3) _____ is the last day of the week.

(4) How _____ is your father?
He is forty-five.

Hints

▶ (1)~(4)
April [éiprəl] 4월
March [mɑːrtʃ] 3월
May [mei] 5월

2 다음 물음의 대답을 완성하시오.

(1) What day comes after Wednesday?
_____ does.

(2) Is Christmas in January or in December?
It's _____ _____.

(3) What is the second month of the year?
It's _____.

(4) How many months are there in a year?
There _____ _____.

▶ (1)~(4)
Wednesday [wénzdei] 수요일
Christmas [krísməs] 크리스마스
January [dʒǽnjuèri] 1월
December [disémbər] 12월
first [fəːrst] 첫째의, 최초의

Exercises

3 ( ) 안의 우리말에 알맞은 영어로 답하시오.

(1) What time does your brother go to bed? (10시 30분)
 ➡ He goes to bed _____ _____ _____.

(2) When do you play baseball? (토요일에)
 ➡ We play it _____ _____.

> **Hints**
> ▶ (1)~(2)
> 시간 앞에는 at
> 요일 앞에는 on

4 다음을 우리말로 옮기시오.

(1) It is fine today. ( )

(2) It is a quarter to eight. ( )

(3) It is Tuesday, October 25th. ( )

(4) It is very cold in winter. ( )

(5) Do you like kimchi? ( )
 — Yes, I like it very much. ( )

> ▶ (1)~(5)
> 날씨나 시간, 요일을 나타내는 it은 '그것'이란 뜻으로 옮기지 않는다.
> October [aktóubər]
> 10월

정답
1 (1) after (2) May (3) Saturday (4) old
2 (1) Thursday (2) in December (3) February (4) are twelve
3 (1) at ten thirty (2) on Saturday
4 (1) 오늘 날씨가 좋다. (2) 8시 15분 전입니다. (3) 10월 25일 화요일이다. (4) 겨울에 아주 춥다. (5) 김치를 좋아하니? – 응, 아주 좋아해.

43. When do you skate? **299**

He is washing his face.
44

기본예문

1 I'm eating breakfast.
나는 아침을 먹고 있습니다.

2 He is washing his face.
그는 세수를 하고 있습니다.

3 They are going to school.
그들은 학교에 가는 길입니다.

New words

face [feis] 얼굴
eat [i:t] 먹다
look [luk] 보다
street [stri:t] 거리
need [ni:d] 필요로 하다
die [dai] 죽다
lie [lai] 눕다, 거짓말하다

'지금 ~하고 있는 중이다'의 표현

어떤 동작이 '지금 ~하고 있는 중이다'라고 현재 진행 중인 것을 나타낼 때에는 'be 동사의 현재형＋동사의 원형＋-ing' 형식을 쓰는데 이를 '현재진행형'이라 한다.

I *am writing* a letter.
나는 편지를 쓰고 있는 중이다.

They *are watching* television.
그들은 텔레비전을 보고 있는 중이다.

Bill *is looking* at the street.
빌은 거리를 바라보고 있는 중이다.

현재와 진행형의 차이

현재는 현재의 습관, 상태, 사실 따위를 나타낼 때 쓰는 표현이고, 진행형은 현재 '동작이 진행 중'임을 나타내는 표현이다.

(a) He *takes* a walk in the evening. 〈습관적인 행동〉
그는 저녁에 산책을 한다.

He *stands* in the room. 〈상태〉
그는 방 안에 서 있다.

(b) He *is taking* a walk now. 〈동작의 진행〉
그는 지금 산책을 하고 있는 중이다.

She is washing.

다음과 같은 동사는 '항상 어떤 상태가 계속되고 있다'는 뜻이 포함되어 있으므로 현재진행형으로 하지 않는다.

  like 좋아하다 **know** 알고 있다 **want** 원하고 있다

  need 필요로 하고 있다 **have** 가지고 있다

그러나 have가 '먹다'의 뜻일 때는 진행형을 만들 수도 있다.

 동사 원형에 -ing를 붙이는 법

동사 원형에 -ing를 붙인 꼴을 '현재 분사'라고 하는데 다음처럼 만든다.

(1) 동사의 어미에 그대로 -ing를 붙인다

  play 놀다 ➡ playing go 가다 ➡ going

  look 보다 ➡ looking walk 걷다 ➡ walking

(2) 발음되지 않는 -e로 끝나는 동사는 e를 빼고 -ing를 붙인다

  come 오다 ➡ coming write 쓰다 ➡ writing

  live 살다 ➡ living have 먹다 ➡ having

(3) 짧게 발음하는 모음(=단모음 : 아, 에, 이, 오, 우)+자음인 경우에는 끝에 있는 자음을 하나 더 겹치고 -ing를 붙인다

run 달리다 ➡ running   sit 앉다 ➡ sitting

swim 수영하다 ➡ swimming   let 하게 하다 ➡ letting

(4) -ie로 끝나는 동사는 ie를 y로 고치고 -ing를 붙인다

die 죽다 ➡ dying   lie 거짓말하다 ➡ lying

참고..

시간을 나타내는 방법을 시제라고 하는데, 시제는 크게 현재, 과거, 미래로 나눌 수 있다. 진행형도 이 셋으로 나눌 수 있다.

현재 – 현재진행형	나는 간다 – 나는 가고 있다.
과거 – 과거진행형	나는 갔다 – 나는 가고 있었다.
미래 – 미래진행형	나는 갈 것이다 – 나는 가고 있을 것이다.

Memory Box

발음과 억양

• 현재진행형인 문장의 억양

I'm studying English.   He is wash ing his face .

They are go ing to school .

연습문제 Exercises

1 다음을 우리말로 옮기고 비교하시오.

(1) ⓐ I study English every day.
ⓑ I'm studying English now.

(2) ⓐ He sometimes plays the guitar.
ⓑ He is playing the guitar now.

> **Hints**
>
> ▶ (1)~(2)
> 현재형과 현재진행형의 차이

2 다음 문장을 진행형으로 고치시오.

(1) Tom runs very fast.
Tom _____ _____ very fast now.

(2) She swims in the swimming pool.
She _____ _____ in the swimming pool.

(3) I read a book.
_____ _____ _____ a book now.

(4) The girl opens the window.
The girl _____ _____ the window now.

(5) We sit under the tree.
We _____ _____ under the tree now.

(6) My sister cleans the room.
My sister _____ _____ the room now.

> ▶ (1)~(7)
> swim[swim] 수영하다
> pool[puːl] 물웅덩이, 풀
> swimming pool : 수영장
> clean[kliːn] 청소하다; 청결한
> 어미가 e로 끝나면 e를 빼고 -ing를 붙인다.
> 단모음+자음은 자음을 겹쳐 쓰고 -ing를 붙인다.

Exercises

(7) Tom has breakfast with Judy.

Tom _____ _____ breakfast with Judy now.

3 다음 우리말에 알맞은 영어를 완성하시오.

(1) 아버지는 지금 자동차를 운전하고 계신다.

My father _____ _____ his car now.

(2) 그 소녀들은 지금 스케이트를 타고 있다.

The girls _____ _____ now.

(3) 우리는 지금 TV에서 쇼를 보고 있다.

We _____ _____ a show on TV now.

Hints

▶ (1)
drive[draiv] 운전하다

Are you reading?
45

기본예문

1. Are you reading a book?
   당신은 책을 읽고 있습니까?

   - Yes, I am.
     예, 그렇습니다.

2. Is Tom studying?
   탐은 공부를 하고 있습니까?

   - No, he isn't.
     아니오, 하지 않고 있습니다.

3. Are Tom and Judy sleeping?
   탐과 주디는 자고 있습니까?

   - Yes, they are.
     예, 그렇습니다.

New words

sleep [sli:p] 자다
store [stɔ:r] 가게
draw [drɔ:] 그리다
novel [návəl] 소설
cook [kuk] 요리하다
church [tʃə:rtʃ] 교회
home [houm] 집
soon [su:n] 곧

 ## '~하고 있습니까?'의 문답

현재진행형인 문장을 의문문으로 만들 때는 'Be 동사+주어+~ing?'형으로 고치면 된다. 대답은 Yes, I am. No, he isn't.처럼 be 동사로 한다.

Are you going to the store? 너는 가게에 가고 있니?
— Yes, I am. 응, 그래.
— No, I'm not. 아니, 안 가.

Is she listening to the radio? 그녀는 라디오를 듣고 있니?
— Yes, she is. 응, 그래.
— No, she isn't. 아니, 안 듣고 있어.

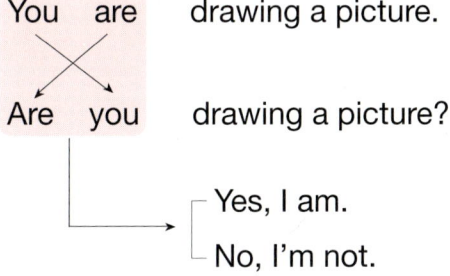

 ## 현재진행형의 부정문

현재진행형의 부정문은 be 동사를 부정문 형태로 고쳐 주면 된다. 물론 is not ➡ isn't로, are not ➡ aren't로 줄여서 쓸 수 있다.

He [is] reading a novel. 그는 소설을 읽고 있다.

↓

He [is not] reading a novel. 그는 소설을 읽고 있지 않다.

진행형의 부정문

He	is	studying.
He	isn't	studying.

 평서문의 의문문·부정문을 진행형 문장으로 고치기

(1) 의문문

Do[Does]를 be동사로 바꾸고, 동사에 -ing를 붙인다.

Do ↓ Are	you you	run? ↓ running?

Do you play the piano? 당신은 피아노를 칩니까?
↳ Are you playing the piano? 당신은 피아노를 치고 있습니까?

(2) 부정문

don't나 doesn't를 am not이나 aren't 또는 isn't로 바꾸고 뒤에 오는 동사에 –ing를 붙인다.

She → She	doesn't → isn't	cook. → cooking.

He doesn't wash his face. 그는 세수를 하지 않는다.
→ He isn't washing his face. 그는 세수를 하고 있지 않다.

참고

현재진행형에는 '현재 진행 중인 동작' 외에 '가까운 미래'를 나타내는 용법이 있다. 이때는 대개 미래를 나타내는 부사구(soon, this afternoon 따위)가 함께 따른다. 그리고 동사도 '가다, 오다, 출발하다, 도착하다' 등을 뜻하는 경우가 많다.

I'm going to church *this afternoon.* 나는 오후에 교회에 갈 것이다.
He's *coming* home *soon.* 그는 곧 집에 올 것이다.

Memory Box

발음과 억양

- Are you ~ing? Is he ~ing? 문장의 억양

  Are you reading the book? Yes, I am.
  Is he studying English? No, he isn't.
  He isn't studying English.

연습문제 — Exercises

1 다음의 빈 자리에 알맞은 낱말을 써 넣으시오.

(1) _____ you go to the park on Sunday?

(2) _____ your sister cooking dinner?

(3) _____ Tom and Dick studying?

(4) _____ your mother speak English?

(5) _____ I walking or running?

Hints

▶ (1)~(5)
진행형일 때는 be 동사, 현재형일 때는 do 동사를 쓴다.
walk[wɔːk] 걷다, 걸어가다

2 다음을 진행형으로 고치시오.

(1) Does Judy play the piano?
→ _____ Judy _____ the piano now?

(2) What does your sister do?
→ What _____ your sister _____ now?

(3) Do you play baseball?
→ _____ you _____ baseball now?

(4) Does Tom use the map?
→ _____ Tom _____ the map?

(5) She doesn't wash the car.
→ She _____ _____ the car now.

(6) We don't go to the park.
→ We _____ _____ to the park now.

▶ (1)~(6)
Do[Does]+주어+동사원형
Are[is]+주어+-ing ~?

▶ (4)
use[juːz] 사용하다
map[mæp] 지도

Exercises

3 다음 빈 자리에 알맞은 be 동사를 써 넣으시오.

(1) _____ Tom studying now?
   Yes, he_____ .

(2) What _____ those boys doing?
   They_____ playing baseball.

(3) _____ I riding a horse?
   No, you_____ not.

(4) What_____ your mother doing?
   She_____ talking with her friends.

Hints

▶ (3)
ride[raid] 타다
horse[hɔːrs] 말

▶ (4)
talk[tɔːk] 얘기하다

정답

1 (1) Do (2) Is (3) Are (4) Does (5) Am
2 (1) Is, playing (2) is, doing (3) Are, playing (4) Is, using (5) isn't washing (6) aren't going
3 (1) Is, is (2) are, are (3) Am, are (4) is, is

What are you doing?
46

기본예문

1. **What are you doing now?**
   너는 지금 무엇을 하고 있니?

   - **I'm listening to music.**
     나는 음악을 듣고 있어.

2. **Where are they going?**
   그들은 어디에 가는 길입니까?

   - **They are going to the park.**
     공원에 가는 중입니다.

3. **Who is running?**
   누가 달리고 있습니까?

   - **Tom is.**
     탐입니다.

New words

park [pɑːrk] 공원
run [rʌn] 달리다
jog [dʒɑg] 조깅하다
knit [nit] 뜨다, 짜다
muffler [mʌ́flər] 목도리

supermarket [súːpərmàːrkit] 슈퍼마켓
make [meik] 만들다, 준비하다
coffee [kɔ́ːfi] 커피
drugstore [drʌ́gstɔːr] 약국

 ## '무엇을 하고 있습니까?'의 문답

What을 문장 첫머리에 두고 그 뒤는 진행형 의문문의 어순으로 낱말을 배열한다.

What is Tom **doing**?
탐은 무엇을 하고 있습니까?

대답은 Yes, No를 쓰지 않고 He is -ing ~.처럼 말한다.

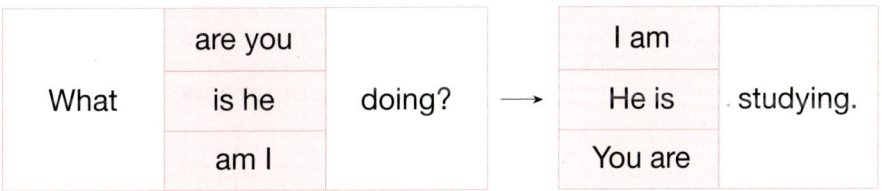

What's (=What is) John **doing**? 존은 무엇을 하고 있느냐?
➡ He *is jogging*. 그는 조깅을 하고 있다.

What are you **doing**? 너는 무엇을 하고 있느냐?
➡ I'*m knitting* a muffler. 나는 목도리를 뜨고 있다.

 ## '어디에 가고 있습니까?'의 문답

Where를 첫머리에 두고, 'Where+동사+주어+going?'의 형식을 취한다.

Where is your mother *going*?
당신의 어머니는 어디에 가고 있습니까?

대답은 'She is going to+장소'가 된다.

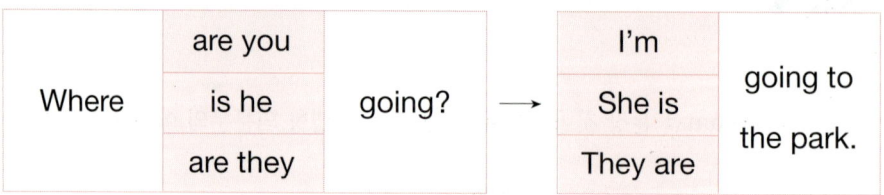

영어에서도 우리말과 같이 말하지 않아도 알 수 있는 부분은 생략하고 꼭 필요한 부분만 말해도 된다.

***Where are** you **going**?* 너 어디에 가고 있니?
→ (I'm going) To the supermarket. (나는) 슈퍼마켓에 (가고 있다).

 '누가 ~하고 있습니까?'의 문답

의문사 what, where에 이어 who를 공부하자. '누가 ~하고 있습니까?'라고 묻는 물음은 who 다음에 'be 동사+-ing~?'의 형식을 취한다.

***Who is making** coffee?*
누가 커피를 끓이고 있니?

대답은 '인명+be 동사'로 대답하면 된다. 반복되는 '~ing...' 부분을 생략하고 보통 '주어+be 동사'로 간단히 답할 수 있다.

⎡ ***Who is going** to the drugstore?*
⎢ 누가 약국에 가고 있지?
⎣ ***Dick is** (going to the drugstore).*
　딕이 (약국에 가고 있어).

 **주의**

Wednesday(수요일)의 철자에 주의!

Wednesday는 틀리기 쉬운 낱말이어서, spelling 시험에서도 자주 나온다. 발음과 철자가 차이가 나기 때문이다. 이와 비슷한 것으로 Christmas가 있다. t자가 발음이 안 되기 때문에 t를 빼먹는 경우가 많다. 이밖에도 swim이 swimming이 되고 ski가 skiing이 되며, picnic이 picnicking이 되는 것에도 주의해야 한다.

Memory Box

발음과 억양

- 의문사가 있는 진행형 문장의 억양

What are you doing now?   I'm cooking.
Where are you going?   I'm going to school.
Who is skating?   Tom is.

연습문제 Exercises

1 다음 물음의 대답을 보기에서 골라 기호로 답하시오.

> 보기   ⓐ Yes, he is.   ⓑ Yes, he does.
> ⓒ Mike does.   ⓓ Mike is.
> ⓔ He is running. ⓕ He is going to school.

(1) Where is Mike going? (   )

(2) What is Mike doing? (   )

(3) Is Mike going to school? (   )

(4) Who is running? (   )

(5) Does Mike study French? (   )

Hints

▶ (1)~(5)
Where ~?의 의문문은 장소를 나타내는 답이 필요하다.
Who is ~?의 대답은 '사람의 이름+be 동사'이다.

2 우리말에 알맞은 영어를 빈 자리에 넣어 대화를 완성하시오.

(1) A : What _____ _____ _____, Judy?
   (무엇을 하고 있니?)
   B : I'm helping my father.

(2) A : Is Judy cooking or doing the dishes?
   B : She _____ _____ _____ _____.
   (그릇을 씻고 있어요.)

(3) A : _____ _____ _____, Judy?
   (누가 노래를 하고 있니?)
   B : Jackson is.

▶ (1)
help[help] ~을 돕다

▶ (2)
cook[kuk] 요리하다
dish[diʃ] 그릇
do the dishes : 설거지 하다

Exercises

3 다음을 진행형으로 고치시오.

(1) What does she read?
➡ What _____ ?

(2) Where do they go?
➡ Where _____ ?

(3) Who cooks dinner?
➡ Who _____ ?

Hints

▶ (1)~(3)
의문사+조동사+주어+동사
의문사+be 동사+주어+동사 -ing

정답

1 (1) ⓒ (2) ⓔ (3) ⓐ (4) ⓓ (5) ⓑ
2 (1) are you doing (2) is doing the dishes (3) Who is singing
3 (1) (What) is she reading (2) (Where) are they going (3) (Who) is cooking dinner

각 9,800원

고등학교 이후 영어를 멀리하셨던 분이라도 쉽게 시작할 수 있어요!

고등학교 이후 영어를 멀리하셨던 분을 위한
가장 쉬운 영문법

고등학교 졸업 후 멀리했던 영문법,
체계적으로 다시 잡아줍니다.

영문법의 핵심을 쏙쏙 뽑아 76가지 항목으로 요약했기 때문에,
시간이 급할 때는 취약한 항목만 뽑아 보면 됩니다.

교과서 예문이 아니라 업무에 바로 쓸 수 있는
비즈니스 예문으로 실용적입니다.

작문은 물론, 문법까지 저절로 이해되는
가장 쉬운 영작문

영어로 '쓰기'를 처음 시작하는 사람이라도 이 책 한 권을 마스터하면
영어로 정확히 쓸 수 있도록 만들었습니다.

29개 작문 포인트로 작문은 물론
문법까지 한꺼번에 해결합니다.

이메일, 팩스, 카드 등 실용적인 예문 중심으로
업무에 바로바로 활용할 수 있습니다.

수능/토익/토플/텝스 리스닝 CNN과 AFKN까지~

New Edition 영어 듣기공식 33

이 책 보면서 CD 한번만 들으면 영어귀가 뻥 뚫린다!

Good! 잘들려~좋아!!

값 15,000원 (CD 4장 포함)

영어, 읽기에는 강한데 듣기에 약하시다구요?
영어 듣기공식33으로 공부하면 영어가 귀에 쏙쏙!
영어 듣기의 비결을 고스란히 담았습니다.

수능·토익·토플·텝스 고득점!
시험에 잘 나오는 상황별 회화/어휘/관용구 듣기훈련,
각종 시험의 청취 점수를 확실히 업그레이드 시켜드립니다.

CNN, AFKN 자유롭게 듣는다!
구어체문장 듣기 400개, 생활회화문 듣기 46개-
이 책과 CD만 있으면 듣기만큼은 완벽하게 해결됩니다.

유창한 발음의 회화실력 향상!
본토 미국식 발음으로 지금 바로 써먹을 수 있는
회화를 익힐 수 있습니다.